経理の仕事が サクサク 進む Excel 超活用術

現場で役立つ

著 小栗勇人

2013/2010/2007 対応

SHOEISHA

本書内容に関するお問い合わせについて

このたびは翔泳社の書籍をお買い上げいただき、誠にありがとうございます。弊社では、読者の皆様からのお問い合わせに適切に対応させていただくため、以下のガイドラインへのご協力をお願い致しております。下記項目をお読みいただき、手順に従ってお問い合わせください。

●ご質問される前に

弊社Webサイトの「正誤表」をご参照ください。これまでに判明した正誤や追加情報を掲載しています。

正誤表　http://www.shoeisha.co.jp/book/errata/

●ご質問方法

弊社Webサイトの「刊行物Q&A」をご利用ください。

刊行物Q&A　http://www.shoeisha.co.jp/book/qa/

インターネットをご利用でない場合は、FAXまたは郵便にて、下記"翔泳社 愛読者サービスセンター"までお問い合わせください。
電話でのご質問は、お受けしておりません。

●回答について

回答は、ご質問いただいた手段によってご返事申し上げます。ご質問の内容によっては、回答に数日ないしはそれ以上の期間を要する場合があります。

●ご質問に際してのご注意

本書の対象を越えるもの、記述個所を特定されないもの、また読者固有の環境に起因するご質問等にはお答えできませんので、予めご了承ください。

●郵便物送付先およびFAX番号

送付先住所　〒160-0006　東京都新宿区舟町5
FAX番号　　03-5362-3818
宛先　　　　（株）翔泳社 愛読者サービスセンター

※本書に記載されたURL等は予告なく変更される場合があります。
※本書の出版にあたっては正確な記述につとめましたが、著者や出版社などのいずれも、本書の内容に対してなんらかの保証をするものではなく、内容やサンプルに基づくいかなる運用結果に関してもいっさいの責任を負いません。
※本書に掲載されているサンプルプログラムやスクリプト、および実行結果を記した画面イメージなどは、特定の設定に基づいた環境にて再現される一例です。

※本書に記載されている会社名、製品名はそれぞれ各社の商標および登録商標です。
※本書の内容は、2015年1月執筆時点のものです。

はじめに

　私の経理のキャリアは約10年、2社を経験しています。1社目は上場企業、現在働いている会社は上場会社の子会社です。どちらの会社も売上高は数十億と、中小企業に分類される会社です。業種も異なれば受け持った業務も異なるため、それぞれで求められることは違います。

　しかし、どちらの仕事でもExcelを多用してきました。それだけ経理にとってExcelはなくてはならない重要なツールです。振り返ると、「前職のあの業務を、このExcelの機能を使えば効率的にできたのか」と思うことが多々あります。業種や業務が異なっても、経理として活用できるExcelの機能は基本的に同じです。

　本書では、これまでに得た「経理業務を効率的に行うためのExcel活用術」を紹介しています。執筆にあたり意識した点が2つあります。

　1点目は「体系立てて書く」ことです。一般的なExcelの書籍は機能の紹介がメインで、経理に特化しているものではありません。本書では、「この経理作業ではこの機能が使えます」という書き方にしています。ピボットテーブルの操作説明も、仕訳データから損益計算書や変動損益計算書など、経理になじみのある書類を作成することで、一通りの機能が身につく書き方にしました。全体的な書き方も、第3章で「データの集計・分析方法」を解説し、第4章では3章を生かすための「データの加工方法」を、第5章では4章を生かすための「データの収集方法」を解説する流れとしました。

　2点目として「この本を購入する人の本当の目的は何か」を意識しました。本当の目的はExcelを有効活用することではなく、「すばやくミスなく」仕事をすることでしょう。

　「すばやくミスなく」仕事をするコツは3つあります。
　1. 業務スピードを上げる
　2. 業務をルーチン化する
　3. 業務を減らす

　そもそものExcelの操作が遅いと、業務効率を上げることができません。まずは業務スピードを上げるための操作方法や機能、関数を紹介しています。マウスを使わないでExcelを操作できれば、業務効率は飛躍的に上がります。

　ルーチンとは、決まった手順や手続きのことをいいます。つまりルーチン化とは、業務を決まった手順で行えるようにする仕組みを作ることです。

　業務を減らす一番の方法は、「二度手間をなくす」ことです。例えば、他部署が作成した書類を手で入力するのではなく、他部署が入力したデータをそのまま利用する方法です。

　本書によって、経理業務が少しでも効率的になる手助けになれば幸いです。最後に会社の同僚と翔泳社の宮腰さん、秦さんに感謝いたします。もちろん妻にも。

2015年2月
小栗 勇人

contents

本書のサンプルについて ... 8

第1章
経理の現場でExcelが必要とされている理由 ... 9
- **1-1** さまざまなソフトが混在する経理の現場 ... 10
- **1-2** ハブとなるExcel ... 12
- **1-3** 経理が求められることとは ... 14

第2章
「これだけは」マスターしてほしい操作と関数 ... 17
- **2-1** Excelの各部名称 ... 18
- **2-2** 状況に合わせた形式で貼り付ける ... 20
  - 活用テク 01 数式を維持して貼り付ける ... 21
  - 活用テク 02 演算式を貼り付ける ... 22
  - 活用テク 03 画像として貼り付ける ... 23
- **2-3** データを活用するための機能 ... 25
  - 活用テク 04 目的のデータだけを抜き出す ... 26
  - 活用テク 05 使いやすい順番に並べ替える ... 28
  - 活用テク 06 複数の順序で並べ替える ... 29
  - 活用テク 07 特定のセルを目立たせる ... 30
  - 活用テク 08 必要な情報をすばやく探す／情報を置き換える ... 31
  - 活用テク 09 他の人がファイルを開いていても編集できるようにする ... 34
- **2-4** エラーに対処する ... 35
- **2-5** VLOOKUP関数で処理スピードを上げる ... 38
  - 活用テク 10 取引台帳に単価表の単価を反映させて、取引額を計算する ... 39
  - 活用テク 11 別々のシステムから出力したデータを比べて不一致を探す ... 41
- **2-6** IF関数で臨機応変に集計処理をする ... 43
  - 活用テク 12 IF関数で不一致を判定する ... 44
  - 活用テク 13 IFERROR関数で不一致の項目を計算から除外する ... 45
- **2-7** 業務効率を上げるSUM関数3種 ... 46
  - 活用テク 14 SUM関数で合計金額を算出する ... 47
  - 活用テク 15 SUMIF関数で部門ごとの合計金額を算出する ... 48

活用テク 16	SUMPRODUCT関数で金種ごとの合計金額を算出する	49

- **2-8** 関数で文字や数値を操作する ... 50
- **2-9** 資料を探す手間を省く ... 52
- **2-10** ショートカットキーを活用する ... 53
  - 活用テク 17　ショートカットキーを追加する ... 56

第3章
ピボットテーブルで効率化する ... 57

- **3-1** ピボットテーブルとは ... 58
- **3-2** テーブルとなるデータのルール ... 60
- **3-3** ピボットテーブルで損益計算書を作成する ... 62
  - 活用テク 18　新規ピボットテーブルを作成する ... 64
  - 活用テク 19　ピボットテーブルにデータを表示する ... 67
  - 活用テク 20　データを整理する ... 69
- **3-4** 見やすい資料を作成する ... 75
  - 活用テク 21　形式を変更する ... 77
  - 活用テク 22　集計を末尾に表示する ... 78
  - 活用テク 23　空白行を挿入して見やすくする ... 79
  - 活用テク 24　字下げをして別項目であることを明確にする ... 81
  - 活用テク 25　空白の代わりに「0」を入れる ... 82
  - 活用テク 26　行ラベルと列ラベルを非表示にする ... 83
  - 活用テク 27　見やすいフォントに変更する ... 84
  - 活用テク 28　単位を明記し、桁数を変更する ... 85
  - 活用テク 29　罫線はなるべく使わず、装飾もシンプルにする ... 87
- **3-5** 簡単な分析をする ... 90
  - 活用テク 30　スライサーで絞り込む ... 92
  - 活用テク 31　フィルターで絞り込む ... 94
- **3-6** 予算管理のための損益計算書とは ... 97
- **3-7** 予算実績を管理する ... 100
  - 活用テク 32　予算実績管理のための率を計算する ... 102
  - 活用テク 33　プロジェクト別損益計算書を作成する ... 107
- **3-8** ピボットテーブルで経営分析する ... 109
- **3-9** 損益分岐点を把握する ... 110

| 活用テク 34 | 変動損益計算書を作成する | 112 |
| 活用テク 35 | 限界利益率を調べる | 116 |

3-10 固変分解をする … 118
3-11 給与や経費の支払い漏れをチェックする … 120
| 活用テク 36 | ピボットテーブルで支払／計上漏れをチェックする | 121 |

3-12 ピボットグラフなら表作成の手間が省ける … 127
活用テク 37	ピボットグラフを作成する	128
活用テク 38	折れ線グラフを作成する	130
活用テク 39	ピボットテーブルから通常のグラフを作成する	134

第4章
データ作成の効率化 … 139

4-1 データの種類を理解する … 140
| 活用テク 40 | CSVとExcelファイルの違いを比べる | 142 |
| 活用テク 41 | CSVをテキストエディタ（メモ帳）で開く | 143 |

4-2 CSVファイルの種類を知る … 144
4-3 実務におけるデータ交換とは … 146
活用テク 42	ExcelをCSVに変換する	150
活用テク 43	CSVになっているか確認する	151
活用テク 44	CSVをExcelに変換する方法①　Excelに貼り付ける	152
活用テク 45	CSVをExcelに変換する方法②　「外部データの取り込み」を利用する	154
活用テク 46	テキスト（固定長）をExcelに変換する	157

4-4 仕訳データを並べ替える … 160
4-5 仕訳データの並べ替えを自動化して手間を省く … 162
| 活用テク 47 | 並べ替え用シートを作成する | 175 |

4-6 データを追加する … 177
| 活用テク 48 | 並べ替え用シートにデータを追加する | 181 |

4-7 Accessで仕訳データを並べ替える … 183
活用テク 49	Accessにテキストデータをインポートする	185
活用テク 50	AccessにCSVデータをインポートする	191
活用テク 51	クエリを作成する	195
活用テク 52	他のテーブルの情報を追加する	200

| 活用テク 53 | クエリにフィルターをかける | 205 |

4-8 Accessの集計を月ごとに整理する　206
活用テク 54	月度を追加する	207
活用テク 55	試算用金額を算出する	209
活用テク 56	貸方伝票クエリを作成する	211

4-9 2つのクエリから1つのテーブルを作成する　214
| 活用テク 57 | クエリの種類を変更する | 215 |

4-10 コンバートしたデータを使うには　218
| 活用テク 58 | Accessのデータをエクスポートする | 219 |

4-11 Accessの作業をワンクリックで行う　221
活用テク 59	Accessマクロを作成する	222
活用テク 60	Accessマクロを実行する	226
活用テク 61	メッセージボックスが表示されないように設定する	227

4-12 Accessで大量のデータを加工する　228
| 活用テク 62 | Accessのデータからピボットテーブルを作成する | 229 |

第5章
データ収集の効率化　231

- **5-1** 効率的で効果的なデータ収集をする　232
- **5-2** Excelはデータ収集に向かない　235
- **5-3** システム化とは　238
- **5-4** システム導入には現状把握が重要　240
- **5-5** システム化によるメリット　243
- **5-6** システムで見込み情報を把握する　246
  - 活用テク 63　システムで収集した見込み情報をExcelで活用する　249
- **5-7** クラウドサービスでシステム化が容易に　252

Index　255

本書のサンプルについて

本書のサンプル

本書のサンプルは、以下のWebサイトから無料でダウンロードして利用できます。

・『経理の仕事がサクサク進むExcel「超」活用術』サンプルダウンロードページ
URL http://www.shoeisha.co.jp/book/download/9784798134598

本書のサンプルの構成および詳細は以下の通りです。

- chapter 2
  → 第2章で使用するサンプルデータと、完成後のサンプルが格納されています。
- chapter 3
  → 第3章で使用するサンプルデータと、完成後のサンプルが格納されています。
- chapter 4
  → 第4章で使用するサンプルデータと、完成後のサンプルが格納されています。
- chapter 5
  → 第5章で使用するサンプルデータと、完成後のサンプルが格納されています。

サンプルデータご使用にあたっての注意

・Excelファイルの中には、複数のシートで構成されているものがあります。1つのシートを削除すると、情報を参照している他のシートに影響が出る場合があるので、削除しないようにしてください。

・上記と同じ理由で、サンプルデータを編集すると、別シート（完成サンプル含む）の情報が変わる場合があります。お手数ですが、あらかじめファイルをコピーして、複数のファイルを保存しておくことをおすすめします。書籍とサンプルの内容が異なる場合は、操作をしていないファイルを開くか、再度ダウンロードしてご確認ください。

著作権について

本書に収録したサンプルファイルの著作権は、著者および株式会社翔泳社が所有しています。ご購入者の学習用途で使用する以外には利用できません。許可なくネットワークなどを通じて配布を行うこともできません。商用利用に関しては、株式会社翔泳社にお問い合わせください。

第 1 章

経理の現場でExcelが必要とされている理由

経理の仕事で、Excelは欠かせないものになっています。第1章では、なぜ私たちはExcelを毎日利用しているのか、また、効果的な使い方とはどのようなものか、経理業務や会社組織についての説明も交えながら解説します。

Chapter 1-1 さまざまなソフトが混在する経理の現場

Excelの活用術について解説する前に、何が業務効率化の妨げになっているのか、経理の現場が抱えている問題点を挙げます。経理は多くの部署と関わりがありますが、それがゆえの問題も抱えています。

◎ 多種のソフトやシステムが混在

　経理の現場環境は会社によりさまざまです。社内全体がシステム化され、経理システムもその中に統合されていて、滞りなく業務が回っていれば理想的ですが、なかなかそうなっていないのが現実です。

　社内には多数のソフトやシステムが存在しています。理由はいろいろあると思いますが、「目的ごと」に増やしたためというのが一番多いのではないでしょうか。すべてを1つのシステムにできることが理想ですが、費用の問題や異なる部署間での仕様の相違など、いろいろな点で実現が難しいという現実があります。

　実際、各社から発売されているソフトやシステムは、個別の業務に特化したものです。例えば、経理や総務などの管理部で利用されているソフトは、主に以下のようなものがあります。

- 財務会計ソフト…帳簿や決算書の作成に特化
- 給与計算ソフト…給与計算や年末調整の処理に特化
- 固定資産ソフト…固定資産の管理や、減価償却費の計算に特化
- 販売管理ソフト…受注や発注、在庫管理に特化

さらに会社全体に視野を広げると、以下のようなソフトが挙げられます。

- 勤怠管理システム…勤怠情報の登録や申請に特化
- 顧客管理システム…取引顧客だけでなく、見込み顧客を含めた管理に特化
- 経費精算システム…社員の経費精算に特化

▼経理は各部署の処理に関係する

なぜ混在するのか

　なぜ個別の機能に特化したものが発売されているかというと、費用と業務内容のマッチングの問題があります。すべてを網羅しているソフトやシステムは非常に高額になるため、簡単に導入できるものではありません。筆者も数社に見積を依頼したことがありますが、導入費用とランニング費用を一定の運用期間で比較した場合に、月額費用が現状よりも数十万円多くかかる試算になりました。

　また導入した場合、それをずっと使い続けることになるので、実際に使ってみたら業務に合わない、金額に見合うメリットがないなどの不都合が生じる恐れがあります。業務に合わせるためにパッケージで入れたものをカスタマイズしていくと、想定していた導入予算をオーバーする事態も起こります。

　加えて、現状を変更するのが面倒だという現場の声に応えて、しっかり現場の状況を把握して会社全体にマッチするものを導入するのは大変です。そのため、個別の目的に特化したソフトやシステムを個々に導入していることが多いのが実態です。

Chapter >>
1-2 ハブとなるExcel

経理にとってExcelが便利なのは、さまざまな形式のデータを整理して組み合わせる「ハブ」として使えるからです。経理だけでなく他部署のデータも組み合わせれば、資料の情報量も質も上がります。

● Excelで複数のデータを組み合わせる

　経理におけるExcelの利用範囲はとても広いですが、主な利用方法は資料作成です。経理では数字を扱う資料が多いため、WordやPowerPointではできない計算や数値の集計などを扱ったものをExcelで作成します。

　ほとんどの会社は会計ソフトを利用しており、そこから作成できる帳票類で会社の経営状態を見ることができます。ただし、用意されている帳票だけでは把握しきれない情報もあります。会計ソフトに登録されている情報は基本的に、会計における取引が生じている実績値ですが、それだけでは経営者が望む経営情報とはいえません。経営者は現在の実績だけでなく、将来の業績がどのようになるかを知りたいものです。そのためには、実績情報である会計ソフトのデータと、見込み情報のデータを組み合わせて資料を作成する必要があります。

　見込みの情報もさまざまです。例えば、毎月定期的に売上を計上しているものは、次月以降もほぼ確実な売上情報といえます。一方、営業担当者が各自で持っている見込み情報は、不確定要素を含んだ情報といえます。これらの状態を考慮した資料を作成する必要があります。各種情報を組み合わせて、さまざまな視点から経営状態を分析する資料を作成するときに、Excelが力を発揮します。

▼社内システム環境の例

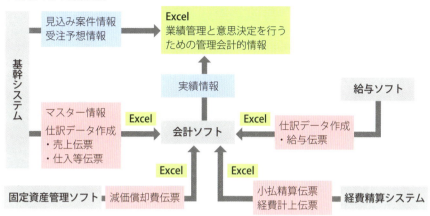

●「ハブ」となる Excel

　基幹システムや他ソフトから会計ソフトにデータをインポート（取り込み）する際、主にCSV形式のデータを利用します。CSVとは、カンマで区切られたテキストファイルです（4章で詳しく説明します）。基幹システムや他ソフトからエクスポート（出力）したデータをそのまま会計ソフトへインポートできることは少なく、インポート先のフォーマット定義に沿ったものに変換（コンバート）する必要があります。

　このコンバート処理をExcelで行います。つまり、Excelはソフトやシステムからエクスポートしたデータを、他のソフトやシステムにインポートするためのデータにコンバートするハブの役割を担うことになります。なお本書では、Accessを使った方法も解説します。

　たくさんのソフトが混在すればするほど、コンバート処理の手間は増えます。また、コンバート作業時にデータを切った貼ったの手作業で行うと間違う可能性があります。逆の言い方をすれば、コンバート処理を簡単にできれば、さまざまなソフトが混在していても業務の効率を上げることができます。

Chapter 1-3 経理が求められることとは

Excelでデータを整理するにも、目的をはっきり持っていなければ、どんな資料を作ればよいかがわかりません。経理が求められていることは何なのか、その役割を再確認しておきましょう。

経理の仕事とは何か

　経理の大きな仕事の1つは決算書を作成することです。税務署への申告義務があり、また株主に対しては会社の経営について説明するのに決算書がなければなりません。

　そのために日々の取引を仕訳し、総勘定元帳に転記するといった作業が必要となります。さらに、それらの仕訳の裏付けとなる領収書や請求書などの証憑が必要となります。これらの一連の処理を図で表すと下図のようになります。

▼経理の仕事

①取引を仕訳し仕訳帳を作成する
②仕訳帳を総勘定元帳に転記する
③試算表で総勘定元帳の正誤を検証する
④総勘定元帳を精算表でまとめる
⑤決算整理を精算表で行い財務諸表を作成する

処理フロー

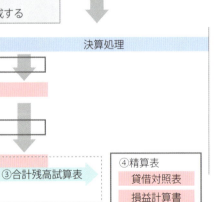

経理が求められるもの

組織を理解する

しかし、決算書を作成するだけでは、経理が求められているものとしては不十分です。会社は社長をトップにしたピラミッド型の組織となっており、その下に部長が管理する「部」、課長が管理する「課」、係長が管理する「係」、主任が管理する「グループ」などの組織体制になっています。また複数の「支店」を持っている会社は支店長がいる場合もあるでしょう。いわゆる事業部制と呼ばれるものです。

会社が大きくなりいろいろな事業を行うようになると、社長がすべての案件について意思決定を行うのは難しくなってきます。そこで単位ごとに責任や権限を委譲することで、迅速な意思決定を行うことができる体制にします。

▼組織図の例

意思決定に必要な「数字」を算出する

迅速な意思決定のためには、組織単位ごとの損益計算書を作成する必要があります。単位ごとの業績が明確になることで、予算目標に対して現状の比較ができるようになります。

また、会社全体の損益計算書では、何が理由で業績がよいのか、何が原因で業績が悪いのかまでは見えてきません。理由や原因を調べるためには、より細かい単位に掘り下げてみる必要があります。「部」単位、「課」単位、「係」単位はもちろん、場合によっては「プロジェクト」単位ごとの利益まで見えるようにする必要があります。このように損益計算書を掘り下げていくことで、原因究明が容易になります。

月単位での損益計算書も意思決定の指標になります。つまり、一定期間の経営成績を一時点で集計するのではなく、一定期間の経営成績を月単位で集計したものです。これにより、月ごとの経営成績を比較することが可能になります。

このように、それぞれの組織単位を管理する者に対して、自分の組織がどのよう

な状態にあるのかの情報を、意思決定の材料として提供するのです。

求められる情報

●「使える」データに加工する

では、経理はどのような情報を提供するとよいのでしょうか。できるだけ細かいデータがよいのであれば、仕訳データを提供するだけです。しかし、ただ仕訳帳を提供しても、項目が羅列されているだけなので、そこから何かの判断材料を探すのは大変です。

そこで本書では、Excelの機能であるピボットテーブルを利用し、会社全体の損益計算書から部門単位の損益計算書を作成し、勘定科目から補助科目、摘要を掘り下げる方法を中心に採り上げています。このように展開していくことで、明らかに数字が悪い部や課を見つけ、そこから何が原因で悪くなっているかを勘定科目や補助科目などの細かい単位から確認することができます。

● 加工しやすいデータを持つ

経理として求められることは、それぞれの組織を管理する者に対して情報を提供することです。そのために重要なことは、詳細な仕訳を持つことです。例えば人件費について、基本給と時間外を同じ給与として仕訳した場合、人が増えて給与が増加しているのか、時間外労働が増えて増加しているのかわかりません。

細かい仕訳である場合、それをまとめるのは難しくありませんが、合算されている仕訳を分解するのは大変です。そのため経理としては、情報を詳細に取得し、仕訳をするための仕組みを考えることも、求められるスキルといえます。

第 2 章

「これだけは」マスターしてほしい操作と関数

日常の業務効率を上げる Excel の操作テクニックを解説します。ここで紹介する Excel メニュー・関数・ショートカットキーは、利用価値の高いものに絞っています。利用するとしないでは、業務スピードに格段の違いが出ますので、ぜひ利用してみてください。

Chapter >>
2-1 Excelの各部名称

操作の説明を行う前に、Excelの各部の名称を再確認しておきます。普段利用していても、名称はあまり意識したことがないかもしれませんが、これから操作を説明する上で利用するので覚えておいてください。

○ 各部名称の確認

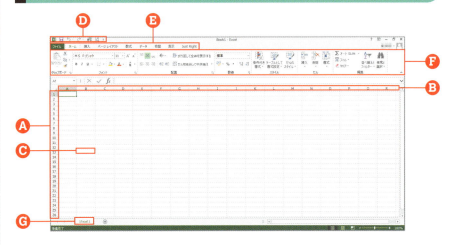

A「行」または「レコード」
Excelシートの上下方向の行のことです。左端に1、2、3…と数字が振られています。

B「列」または「フィールド」
Excelシートの左右方向の列のことです。上端にA、B、C…とアルファベットが振られています。

C「セル」
シート内の1つ1つの枠をセルといいます。また、選択中のセルのことはアクティブセルと呼びます。

D「クイックアクセスツールバー」
Excelのメニューで利用頻度が高いものを配置しておくバーです。Alt +[数字]キーですばやくメニューを起動できます。

E「タブ」
リボンを切り替えるときに使います。

F「リボン」
Excelのメニューがカテゴリーごとにまとめられている場所です。

G「シート見出し」
ブック内の各シートの名称です。

ポイント

キーボードによってはない場合もありますが、あるなら右クリックキーを覚えておきましょう。右クリックキーは、キーボードの右下にある▤のキーです。

正式名称は右クリックキーではなく、「アプリケーションキー」といいます。なぜ右クリックキーと呼んでいるかというと、押すと右クリックと同じ操作がされるからです。

セルを選択した状態でクリックすると、メニューが開きます。ここには利用頻度が高いメニューが揃っているので、困ったらとりあえず押してみると解決方法があるかもしれません。

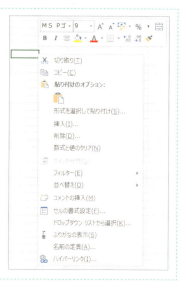

Chapter >> 2-2 状況に合わせた形式で貼り付ける

貼り付けには、セルの値をそのまま貼り付けるだけでなく、さまざまな形式を指定して貼り付ける方法があるので、使い分けができると便利です。ここでは利用頻度が高いと思われるものに絞って紹介します。

◉ 貼り付けたときに値が崩れないデータにする

　経理が作成する資料では、複数の関数を利用します。関数を使って算出したセルの値を、他のセルに利用しようとコピーして貼り付けた場合、値が変わってしまう場合があります。関数式での参照方法が「相対参照」である場合、貼り付けたセルに合わせて参照先が変わってしまうためです。

　それを防ぐには、関数式での参照方法を「絶対参照」にすればよいですが、より簡単に防ぐ方法があります。貼り付ける際に、形式を指定して「値」として貼り付ければよいのです。

◉ 状況に合わせた貼り付け方を知る

　便利な貼り付け方法はいろいろあります。例えば、Excelで資料を作成していると、セルの幅の調整に困ることがあります。Excelでは、同じ列のセルを異なる幅にできません。しかし、画像にして利用すれば、セル幅を気にすることなく資料内に貼り付けることができます。他の人が再計算しないような資料であれば、画像でも問題ありません。

　その他にも、便利な方法があるので、次ページから紹介していきます。

▼画像で貼り付けた例

	A	B	C	D	E	F	G	H	I	J
1	月別売上推移表									
2										
3	行ラベル		04月度	05月度	06月度	総計				
4	営業利益		1,036,378	1,325,314	-1,412,475	949,217				
5	売上総利益		1,610,707	1,886,631	-842,087	2,655,251				
6	01売上		8,130,000	11,225,000	1,725,000	21,080,000				
7	02売上原価		-6,519,293	-9,338,369	-2,567,087	-18,424,749				
8	03販管費		-574,329	-561,317	-570,388	-1,706,034				
9	04営業外		-1,000	-9,900	0	-10,900				
10	総計		1,035,378	1,315,414	-1,412,475	938,317				
11	プロジェクト別損益計算書									
12										
13	行ラベル		A市電柱移設工事	A地区電線保守工事	Aエリア道路工事	A部門共通経費	総計			
14	営業利益		2,284,400	126,000	153,400	-473,318	2,090,482			
15	売上総利益		2,284,400	126,000	153,400	-473,318	2,090,482			
16	01売上		10,500,000	510,000	520,000	0	11,530,000			
17	02売上原価		-8,215,600	-384,000	-366,600	-473,318	-9,439,518			
18	総計		2,284,400	126,000	153,400	-473,318	2,090,482			

活用テク 01 数式を維持して貼り付ける

ここが重要

数値だけを抜き出すのではなく、数式のまま貼り付けます。

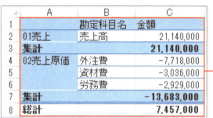

1. セルを選択し、Ctrl+Cキーを押してコピーします。

2. 右クリックキー+S+↵キーを押すと、「形式を選択して貼り付け」ダイアログボックスが開きます。「貼り付け」の欄で「数式」を選択し「OK」をクリックします。

> **ポイント**
> 「形式を選択して貼り付け」ダイアログボックスは、Ctrl+Alt+Vキーでも開きます。

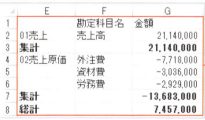
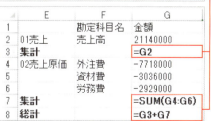

3. 数式を維持したまま貼り付けできます。数式を表示すると、下の図のようになっています。

> **ポイント**
> 「形式を選択して貼り付け」ダイアログボックスの「貼り付け」の欄で「値」を選択すると、数式は反映されず、数値のみ貼り付けます。カンマ区切りもなく、値がそのまま貼り付けられます。
>
> ▼左記と同じデータの「値」を貼り付けた場合
>
>

活用テク 02 演算式を貼り付ける

活用テク 02 演算式を貼り付ける

ここが重要

演算の貼り付けを利用すると、コピーしたセルの値を、貼り付け先のセルの値に対して「加減乗除」することができます。

● 加算する

1 例として、セルE1の「99」をコピーして、加算したいセルを選択します。

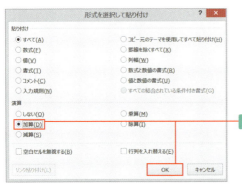

2 「形式を選択して貼り付け」ダイアログボックスを開き、「演算」の欄にある「加算」を選択して「OK」をクリックします。

3 「99」が加算されます。数式を表示させると（右図）、数式が入力されているセルでは「＋99」が追加されています。

ポイント

同様に、他の演算を選択すると、それぞれの方法で計算されます。

活用テク03 画像として貼り付ける

2-2 状況に合わせた形式で貼り付ける

活用テク 03 画像として貼り付ける

ここが重要

セルを画像としてコピーして貼り付けることができます。Excelだけでなく、WordやPowerPointにも貼り付けられます。

● 図として貼り付ける

	A	B	C
1		勘定科目名	金額
2	01売上	売上高	21,140,000
3	集計		21,140,000
4	02売上原価	外注費	-7,718,000
5		資材費	-3,036,000
6		労務費	-2,929,000
7	集計		-13,683,000
8	総計		7,457,000

[1] セルを選択し、Ctrl + C キーを押してコピーします。

[2] 貼り付け先のセルを選択し、右クリックします。メニューが表示されるので、「形式を選択して貼り付け」を選択し、「図」をクリックします。

	勘定科目	金額
01売上	売上高	21,140,000
集計		21,140,000
02売上原価	外注費	-7,718,000
	資材費	-3,036,000
	労務費	-2,929,000
集計		-13,683,000
総計		7,457,000

[3] 画像として貼り付けできます。

活用テク03 画像として貼り付ける

● リンクされた図として貼り付ける

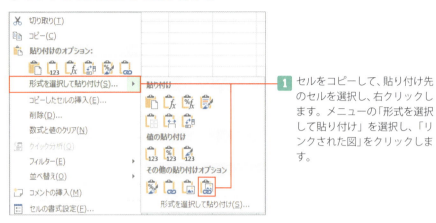

1. セルをコピーして、貼り付け先のセルを選択し、右クリックします。メニューの「形式を選択して貼り付け」を選択し、「リンクされた図」をクリックします。

2. 画像として貼り付けられます。画像がコピー元とリンクされているので、コピー元の内容を変更すると、画像にも反映されます。

Chapter >> 2-3 データを活用するための機能

自分で複雑な操作をしなくても、Excelに元からある機能を使って、簡単にデータの活用ができます。抽出・並べ替え・検索など、日常業務で使える便利な機能をサンプルデータを用いて紹介します。

膨大な集計データを使いやすくする

　第3章で解説するピボットテーブルは、データを項目ごとに集計することで、データレコード数が膨大でもコンパクトに数値を表示することができます。しかし、集計された値を検証するために元のデータ自体を確認したり、一部のデータだけを使って別の資料を作成したりする場合もあります。

　Excel 2013の場合、Excelのみで集計できる最大のデータレコード数は100万を超えます。さすがにそこまでの量を集計することはあまりないと思いますが、ピボットテーブルの性質上、集計するデータレコード数が多くなることが多いです。

　そのような膨大なデータを使いやすくするために、Excelの機能メニューを使いこなすことが必要です。

必要なデータのみ抜き出す

　部門管理者から、「各部門の売上金額を知りたいからデータを欲しい」、と要望されることがあります。その場合には「フィルター機能」を使って、情報の絞り込みをします。

　しかし、フィルター機能には規則性がなく、入力された順番に表示されます。売上金額について知りたいと依頼された場合に、ただ売上金額が羅列されたデータではなく、部門ごとに売上金額の多い順になっている方が喜ばれるでしょう。そこで使えるのが「並べ替え」の機能です。

　この他にも、Excelにはたくさんの機能メニューがあります。次の項からは、サンプルデータを使いながら、実際に操作方法を解説していきます。サンプルデータのダウンロード方法は、8ページに記載しています。

活用テク 04 目的のデータだけを抜き出す

ここが重要

フィルター機能を使えば、欲しいデータだけを抜き出すことができます。

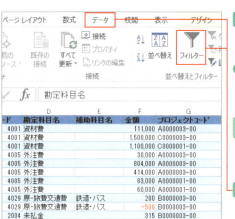

1 サンプルデータ「chapter2_1.xlsx」をダウンロードして、シート「フィルター1」を開きます。

サンプルデータ
📁 chapter2 ▶ 📄 chapter2_1.xlsx ▶ シート「フィルター1」

MEMO サンプルデータのダウンロード方法は8ページを参照してください。

2 「データ」タブをクリックし、「フィルター」をクリックします。

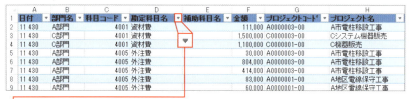

3 1行目のタイトル行のそれぞれに「▼」が表示されました。売上情報だけを知りたいので、D列の「勘定科目名」の「▼」をクリックします。

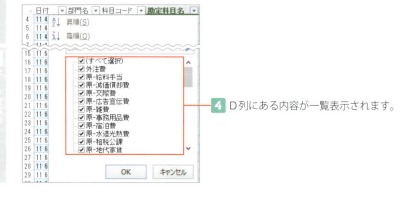

4 D列にある内容が一覧表示されます。

2-3 活用テク 04 目的のデータだけを抜き出す

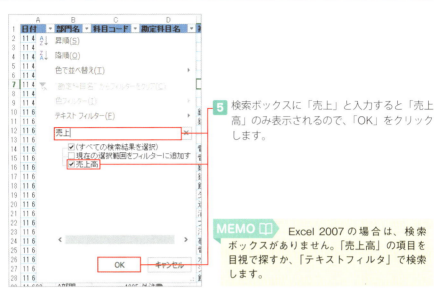

5 検索ボックスに「売上」と入力すると「売上高」のみ表示されるので、「OK」をクリックします。

MEMO Excel 2007 の場合は、検索ボックスがありません。「売上高」の項目を目視で探すか、「テキストフィルタ」で検索します。

6 勘定科目名が「売上高」のものだけが表示されます。

ポイント

同じように、B列の「部門名」の「▼」をクリックし、項目から「A部門」を選択すると、A部門の売上高のみが表示されます。

完成サンプル

📁 chapter2 ▶ 📄 chapter2_1.xlsx ▶ シート「フィルター2」

活用テク 05 使いやすい順番に並べ替える

使いやすい順番に並べ替える

ここが重要

フィルターをかけたデータを、部門ごとに売上金額の多い順に並べ替えます。

1 サンプルデータ「chapter2_2.xlsx」のシート「並べ替え1」を開きます。

サンプルデータ
📁 chapter2 ▶
📄 chapter2_2.xlsx ▶
シート「並べ替え1」

2 「データ」タブをクリックし、「並べ替え」をクリックします。

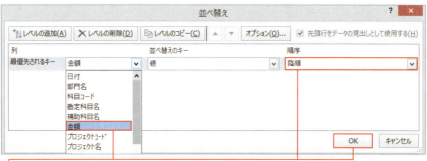

3 「並べ替え」ダイアログボックスが開くので、「最優先されるキー」のコンボボックスから「金額」を選択します。「順序」は「降順」を選択して、「OK」をクリックします。

4 売上金額の多い順に並べ替えることができます。

完成サンプル
📁 chapter2 ▶ 📄 chapter2_2.xlsx ▶
シート「並べ替え2」

活用テク 06 複数の順序で並べ替える

ここが重要

売上金額の多い順番に並べ替えるだけでなく、部門別という要素を足すと、提供するデータとしてよいものになります。

1 サンプルデータ「chapter2_2.xlsx」のシート「並べ替え2」を開きます。

サンプルデータ
chapter2 ▶ chapter2_2.xlsx ▶ シート「並べ替え2」

2 「データ」タブの「並べ替え」をクリックし、「レベルの追加」をクリックします。「次に優先されるキー」の項目が増えるので、「▲」マークをクリックし、最優先されるキーへ移動させます。

3 コンボボックスから「部門名」を選択します。「順序」は「昇順」を選択し、「OK」をクリックします。

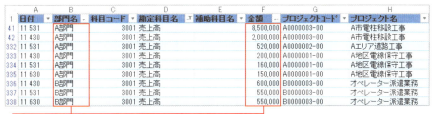

4 部門名ごとの金額が多い順番で並べ替えがされます。

完成サンプル
chapter2 ▶ chapter2_2.xlsx ▶ シート「並べ替え3」

活用テク 07

特定のセルを目立たせる

ここが重要

データを見やすくするには、部門別の金額の大きい順で並べ替える以外にも、セルの色を変えて目立たせる方法があります。

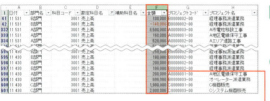

1 サンプルデータ「chapter2_3.xlsx」のシート「条件付き書式1」を開きます。

> **サンプルデータ**
> chapter2 ▶ chapter2_3.xlsx
> ▶ シート「条件付き書式1」

2 一定の数値より大きい値のセルに色をつけてみましょう。まず、金額が入力されている列を選択します。

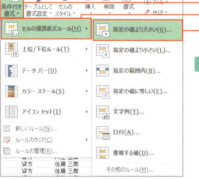

3 「ホーム」タブから、「条件付き書式」→「セルの強調表示ルール」→「指定の値より大きい」を選択します。

4 ダイアログボックスが開きます。例として、左枠に「1000000」と入力し、右枠で「濃い赤の文字、明るい赤の背景」を選択すると、1,000,000円より大きい値のセルが赤くなります。

> **完成サンプル**
> chapter2 ▶ chapter2_3.xlsx
> ▶ シート「条件付き書式2」

活用テク 08 必要な情報をすばやく探す／情報を置き換える

ここが重要

検索機能と置換機能を使って、データの参照・修正をします。

● 検索機能を利用する

　作成されたピボットテーブルにおかしな情報があった場合、それは元のデータがおかしいということになります。データの不備を見つける方法として、検索機能が使えます。

　サンプルデータ「chapter2_4.xlsx」のシート「検索ピボットテーブル1」を開いてください。65行目を見ると、勘定科目名が「原-水道光熱費」、補助科目名が「電気代」であるのに、摘要が「ボールペン代」となっています。本来なら「電気代」でないとおかしいので、ピボットテーブルの参照元であるシート「検索1」を訂正する必要があります。

▼サンプルデータのシート「検索ピボットテーブル1」

	A	B	C	D	E
1	財務分類	PL			
2					
3	勘定分類	勘定科目名	補助科目名	摘要	合計 / 試算用金額
62		原-宿泊費	ホテル代	宿泊代	-14900
63		原-水道光熱費	水道代	水道代	-30260
64			電気代	電気代	-23658
65				ボールペン代	-2000

> **MEMO** ピボットテーブルの作成方法については、第3章で解説します。

1 サンプルデータを開きます。

サンプルデータ： chapter2 ▶ chapter2_4.xlsx ▶ シート「検索1」

2 Ctrl + F キーを押して「検索と置換」ダイアログボックスを開き、「検索する文字列」に「ボールペン」と入力して、「次を検索」をクリックします。「ボールペン」という文字が含まれているセルが選択されました。これを「電気代」に書き換えます。

31

活用テク 08 必要な情報をすばやく探す／情報を置き換える

3 シート「検索ピボットテーブル1」を表示して、「分析」タブの「更新」をクリックします。

MEMO Excel 2010/2007の場合は、「オプション」タブから「更新」をクリックします。

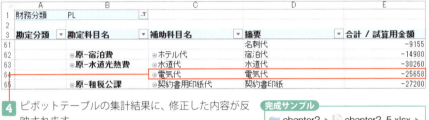

4 ピボットテーブルの集計結果に、修正した内容が反映されます。

完成サンプル
chapter2 ▶ chapter2_5.xlsx ▶ シート「検索2」

● 置換機能を利用する

集計表が横に長くなってしまう場合があります。項目名が長いことが原因の場合は、置換をして設定した項目名を短くすると、すっきりと見せることができます。

1 サンプルデータ「chapter2_6.xlsx」のシート「置換1」を開きます。

サンプルデータ
chapter2 ▶ chapter2_6.xlsx ▶ シート「置換1」

2 M列をすべて選択した状態で、[Ctrl]+[F]キーを押すと、「検索と置換」ダイアログボックスが開きます。「置換」タブをクリックし、検索する文字列に「株式会社」と入力します。置換後の文字列には「㈱」と入力し、「すべて置換」をクリックします。

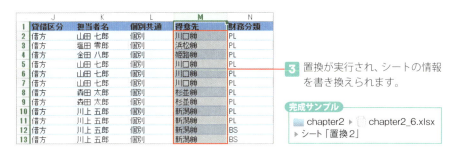

3 置換が実行され、シートの情報を書き換えられます。

完成サンプル
chapter2 ▶ chapter2_6.xlsx
▶ シート「置換2」

ポイント

ピボットテーブルを更新すると「株式会社」が「㈱」に変換され、集計表の幅が狭まっています。

活用テク 09 他の人がファイルを開いていても編集できるようにする

活用テク 09 他の人がファイルを開いていても編集できるようにする

ここが重要
他の人の編集が終わるのを待つ時間を省けます。

　社内サーバーなどでExcelを共有している場合、他の人が利用している際にアクセスすると「読み取り専用」というメッセージが表示されます。すぐに更新したくても、利用者がExcelを閉じないと更新できる状態になりません。共有の設定をして、「順番待ち」をなくしましょう。

1 「校閲」タブをクリックし、「ブックの共有」をクリックします。

注意① テーブルが含まれているブックに対しては、共有の設定はできません。

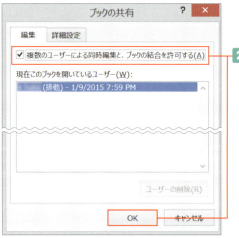

2 「複数のユーザーによる同時編集と、ブックの結合を許可する」にチェックを入れ、「OK」をクリックします。

3 共有設定され、タイトルバーに「共有」の文字が表示されます。

Chapter 2-4 エラーに対処する

Excelで書類を作成する中で数式や関数式を使用していると、思わぬエラーが生じることがあります。Excelのエラー表示はわかりにくいですが、何を意味しているものかを理解しておけば、すぐに対処できます。

● #NULL（ヌル）

セル指定範囲に「：（コロン）」や「,（カンマ）」がない場合に生じるエラーです。

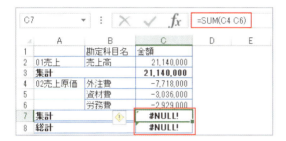

● #DIV/0（ディバイド・パー・ゼロ）

0で割り算を行った場合に生じるエラーです。

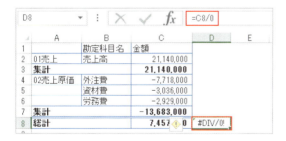

● #VALUE（バリュー）

数式の中に不適切なデータ（文字列など）が含まれている場合に生じるエラーです。「#VALUE」はSUM関数で計算した場合には発生しません。

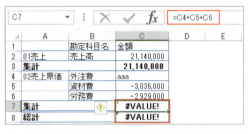

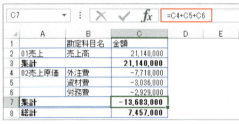

◀ SUM関数を用いるとエラーが消える

● #REF（リファレンス）

セルを参照できない場合に生じるエラーです。例えば、数式が参照している行を1つ削除すると、「#REF」エラーが発生します。

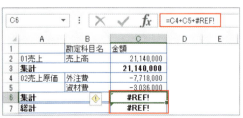

◀ 参照先がなくなるとエラーになる

● #NAME（ネーム）

関数名やセル範囲などの名前が正しくない場合に生じるエラーです。下図では、「SUM」と入力しなければいけない関数が「AUM」になっています。

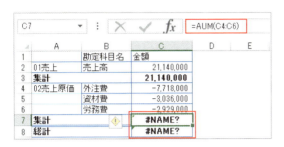

● #N/A（ノット・アベイラブル）

VLOOKUP関数の利用時に、参照するセルが空白だったり、検索対象になかったりする場合に表示されるエラーです。

Chapter 2-5 VLOOKUP関数で処理スピードを上げる

VLOOKUP関数は、経理の仕事で最も利用価値が高い関数だと思います。この関数を使えると使えないとでは、作業効率やできることが大きく変わります。実際に操作して覚えましょう。

2つの使い方

　筆者が経理の仕事でVLOOKUP関数を利用する場合、主に2つの使い方をします。1つは、異なる2つのAとBというデータがあるとき、AとBに共通する値で紐づけて、AにはないBのみが持つデータをAに反映させて新しいデータを作成する場合です。これについては、第4章でも詳しく解説します。

　もう1つは、異なるソフト間にある共通のデータを突き合わせて、不一致がないかを確認するのに利用する場合です。異なるソフト間でデータを手入力で写した場合、入力ミスが生じることがあります。得意先が数社であれば目で確認できますが、数十社、数百社と得意先がある場合、1件1件突き合わせして確認するのは時間がかかるだけでなく、見落とす可能性があります。売上管理ソフトと会計ソフトのデータを取り出して、VLOOKUP関数でそれぞれの金額を突き合わせれば、金額が相違している会社を見つけ出すことができます。

VLOOKUP関数の式

- =VLOOKUP(探索値, 範囲, 列番号, 検索方法)

　指定した範囲の1列目から一致する値を検索し、その値から数えて指定した列にある値を返します。検索値と一致する値のみを抽出する「一致検索」の場合の「FALSE=0」と、最も近い値を抽出する「近似検索」の場合の「TRUE=1」の2種類があります。

> **MEMO** 「近似検索」を行う場合、「範囲」のデータを「昇順」に並べ替えておく必要があります。本書では「一致検索」のみ紹介します。

活用テク10 取引台帳に単価表の単価を反映させて、取引額を計算する

ここが重要

VLOOKUP関数で1日あたりの取引額を算出します。

ここでは、単価表と取引台帳を例に説明します。右図のように、単価表には「商品名」「単価」、取引台帳には「取引日」「商品名」「数量」が記載されているとします。これでは日々の取引金額がわかりません。取引台帳に商品単価を反映させて、取引額を計算することを目的として、VLOOKUP関数の使い方を解説します。

1 サンプルデータ「chapter2_7.xlsx」のシート「取引額1」を開きます。

サンプルデータ
chapter2 ▶ chapter2_7.xlsx ▶ シート「取引額1」

2 表に「単価」「取引額」の項目を追加します。

3 単価の欄に、VLOOKUP関数を入力します。

入力する式 G3
=VLOOKUP(E3,$A$3:$B$5,2,FALSE())

ポイント

取引台帳の商品名を「検索値(E3セル)」にして、単価表の1列目である商品名から一致する商品名を検索し、商品名から2列目の単価を反映させます。

活用テク10 取引台帳に単価表の単価を反映させて、取引額を計算する

	A	B	C	D	E	F	G	H
1	単価表			取引台帳				
2	商品名	単価		取引日	商品名	数量	単価	取引額
3	お茶	100		1月1日	お茶	5	100	
4	ビール	200		1月1日	ビール	6		
5	コーヒー	150		1月2日	コーヒー	10		
6				1月3日	コーヒー	8		
7				1月4日	ビール	7		
8				1月4日	お茶	13		
9				1月5日	ビール	17		

G3セル　=VLOOKUP(E3,$A$3:$B$5,2,FALSE())

4 G3セルにお茶の単価である「100」が反映されます。

H3セル　=F3*G3

5 F3セルの数量5個と、G3セルの単価100円を計算して取引額500円を計算します。

入力する式 H3
=F3＊G3

ポイント

G3セルの右下をドラッグして、VLOOKUP関数を下の行にコピーできます。

	A	B	C	D	E	F	G	H
1	単価表			取引台帳				
2	商品名	単価		取引日	商品名	数量	単価	取引額
3	お茶	100		1月1日	お茶	5	100	500
4	ビール	200		1月1日	ビール	6	200	
5	コーヒー	150		1月2日	コーヒー	10	150	
6				1月3日	コーヒー	8	150	
7				1月4日	ビール	7	200	
8				1月4日	お茶	13	100	
9				1月5日	ビール	17	200	
10								

完成サンプル
chapter2 ▶ chapter2_7.xlsx ▶ シート「取引額2」

活用テク 11 別々のシステムから出力したデータを比べて不一致を探す

2-5 VLOOKUP関数で処理スピードを上げる

活用テク 11 別々のシステムから出力したデータを比べて不一致を探す

ここが重要

データの不一致を探し、ミスを発見します。

　会社で異なるシステムを複数運用していて、それぞれから採取したデータを組み合わせる必要がある場合のテクニックを紹介します。ここでは例として、別々のシステムから出力した「Aデータ」と「Bデータ」の間で不一致がないか確認します。

　下記のサンプルデータのように、AデータとBデータでデータの並び順が異なる場合、表の並び順のままAデータの単価からBデータの単価を引いても不一致を見つけることはできません。そこで、Aデータの商品単価とBデータの商品単価を同列に表示させた上で、差異の計算をします。

1 サンプルデータ「chapter2_7.xlsx」のシート「不一致1」を開きます。

サンプルデータ
chapter2 ▶ chapter2_7.xlsx ▶ シート「不一致1」

2 G3セルにVLOOKUP関数を入力します。

入力する式 G3
=VLOOKUP(D3,$A$3:$B$12,2,FALSE())

ポイント

Bデータの商品名を「検索値」にし、Aデータを範囲指定して、2列目の商品単価を表示させます。

41

活用テク11 別々のシステムから出力したデータを比べて不一致を探す

	A	B	C	D	E	F	G	H
1	Aデータ			Bデータ				
2	商品名	単価		商品名	単価		Aデータ単価	差異
3	お茶	100		紅茶	150		150	=E3-G3
4	ジュース	120		焼酎	500			
5	ビール	300		ミネラルウオーター	100			
6	焼酎	500		お茶	100			
7	ウイスキー	900		ジュース	220			
8	炭酸水	200		牛乳	250			
9	天然水	100		コーヒー	250			
10	紅茶	150		ビール	300			
11	コーヒー	250		ウイスキー	900			
12	牛乳	250		炭酸水	200			

3 Aデータから紅茶の単価「150」が表示されたので、Bデータの紅茶の単価から引いて差異を計算します。AデータとBデータの紅茶の単価は同額だったので差異は「0」、つまり一致しています。

入力する式 H3
=E3-G3

	A	B	C	D	E	F	G	H
1	Aデータ			Bデータ				
2	商品名	単価		商品名	単価		Aデータ単価	差異
3	お茶	100		紅茶	150		150	0
4	ジュース	120		焼酎	500		500	0
5	ビール	300		ミネラルウオーター	100		#N/A	#N/A
6	焼酎	500		お茶	100		100	0
7	ウイスキー	900		ジュース	220		120	100
8	炭酸水	200		牛乳	250		250	0
9	天然水	100		コーヒー	250		250	0
10	紅茶	150		ビール	300		300	0
11	コーヒー	250		ウイスキー	900		900	0
12	牛乳	250		炭酸水	200		200	0

4 G3とH3の計算式をコピーして、下まで貼り付けます。Bデータではジュースの単価が「220」であるのに対して、Aデータでは「120」であるため、差異が「100」発生しました。

ポイント

手順**4**の画面で、G5セルとH5セルにエラーが発生しています。Bデータでは「ミネラルウオーター」という商品名になっているものが、Aデータでは「天然水」になっているためエラーとなり、「#N/A」と表示されています。
「#N/A」とは「ノット・アベイラブル」の略で、VLOOKUP関数で参照するセルが空白、または検索対象にない場合に表示されるエラーです。このように、商品名の不一致を探すのにも使えます。

完成サンプル
chapter2 ▶ chapter2_7.xlsx ▶ シート「不一致2」

Chapter 2-6 IF関数で臨機応変に集計処理をする

ピボットテーブルを作成する際に、元のデータに対して異なる要素を追加したい場合があります。元のデータにないものを追加することで、異なる分析条件を持たせることができるからです。そこで使えるのがIF関数です。

○ VLOOKUP関数と組み合わせて利用する

　経理で最も利用する関数の1つはVLOOKUP関数ですが、IFERROR関数はそれと組み合わせて利用することも多いです。

　前項で説明したように、VLOOKUP関数は異なる2つのAとBというデータがあるとき、AとBに共通する値で紐づけて、AにはないBのみが持つデータをAに反映させて新しいデータを追加する場合に利用します。検索値に対応する値が指定した範囲内にない場合、#N/Aというエラーが生じます。

○ 資料の見栄えをよくする

　エラーが表示されている状態というのは、資料としてよいものではありません。もちろん、エラー表示であることに意味があるなら別ですが、ただのエラーである場合、エラーを取り除くか、表示させないような処理をしておくことが望ましいです。IFERROR関数を利用すれば、エラーの場合は「空白」にする設定にできます。

○ IF関数とIFERROR関数の式

- =IF(条件式,条件に一致する場合"TRUE",条件に一致しない場合"FALSE")
  条件式の結果（TRUEかFALSE）に応じて、指定した値を返します。

- =IFERROR(値,エラーの場合の値)
  式がエラーの場合は指定した値を返し、エラーでない場合は式の値自体を返します。

活用テク 12 IF関数で不一致を判定する

ここが重要

IFERROR関数の前に、ベースとなるIF関数の操作をしてみましょう。

1 サンプルデータ「chapter2_7.xlsx」のシート「不一致2」を開きます。

サンプルデータ
chapter2 ▶ chapter2_7.xlsx ▶ シート「不一致2」

▼この項で扱う元のデータ

	A	B	C	D	E	F	G	H
1	Aデータ			Bデータ				
2	商品名	単価		商品名	単価		Aデータ単価	差異
3	お茶	100		紅茶	150		150	=IF(E3-G3=0,"OK","ERROR")
4	ジュース	120		焼酎	500		500	
5	ビール	300		ミネラルウオーター	100		#N/A	#N/A
6	焼酎	500		お茶	100		100	0
7	ウイスキー	900		ジュース	220		120	100
8	炭酸水	200		牛乳	250		250	0
9	天然水	100		コーヒー	250		250	0
10	紅茶	150		ビール	300		300	0
11	コーヒー	250		ウイスキー	900		900	0
12	牛乳	250		炭酸水	200		200	0

2 差異が「0」の場合「OK」、差異が「0」以外なら「ERROR」と表示するようにします。H3セルにIF関数を入力します。

入力する式 H3
=IF(E3-G3=0,"OK","ERROR")

	A	B	C	D	E	F	G	H
1	Aデータ			Bデータ				
2	商品名	単価		商品名	単価		Aデータ単価	差異
3	お茶	100		紅茶	150		150	OK
4	ジュース	120		焼酎	500		500	OK
5	ビール	300		ミネラルウオーター	100		#N/A	#N/A
6	焼酎	500		お茶	100		100	OK
7	ウイスキー	900		ジュース	220		120	ERROR
8	炭酸水	200		牛乳	250		250	OK
9	天然水	100		コーヒー	250		250	OK
10	紅茶	150		ビール	300		300	OK
11	コーヒー	250		ウイスキー	900		900	OK
12	牛乳	250		炭酸水	200		200	OK

3 H3セルの式をコピーして、H4からH12セルまで貼り付けます。差異が「100」生じていた「ジュース」の欄に「ERROR」が表示されます。

完成サンプル
chapter2 ▶ chapter2_7.xlsx ▶ シート「不一致3」

活用テク13 IFERROR関数で不一致の項目を計算から除外する

活用テク 13 IFERROR関数で不一致の項目を計算から除外する

ここが重要
データを見た人が混乱しないよう、エラーを表示させないようにします。

=IFERROR(値, エラーの場合の値)

1 前ページと同じデータを使います。ここでは、エラーの場合「空白」とする設定にします。H3セルにIFERROR関数を入力します。

入力する式 H3
=IFERROR(IF(E3-G3=0,"OK","ERROR"),"")

💡 **ポイント**
IF関数をIFERROR関数で括っています。

2 H3セルの関数式をコピーして、H4からH12セルまで貼り付けます。「#N/A」が消えて「空白」になります。

45

Chapter 2-7 業務効率を上げるSUM関数3種

SUM関数はセル範囲に含まれる数値を合計する関数です。ここでは、最も利用する「SUM関数」の他に、より高度な合計値を出せる「SUMIF関数」と「SUMPRODUCT関数」も紹介します。

● SUM関数の式

● =SUM(範囲)

セル範囲に含まれる数値をすべて合計します。

> **MEMO** ショートカットキーである Shift + Alt + = キーを覚えておくと便利です。

● SUMIF関数の式

● =SUMIF(範囲, 条件 [, 集計範囲])

指定した「範囲」に含まれるセルのうち、「条件」に一致するセルに対応する「集計範囲」の数値を合計します。

> **ポイント**
> SUMIF関数は、SUMとIFを組み合わせた関数です。IF関数の条件を指定する機能と、SUM関数の合計する機能が組み合わされています。

● SUMPRODUCT関数の式

● =SUMPRODUCT(配列1, 配列2, 配列3…)

範囲または配列の対応する要素の積を合計した結果を返します。

2-7 業務効率を上げるSUM関数3種

活用テク14 SUM関数で合計金額を算出する

活用テク 14 SUM関数で合計金額を算出する

ここが重要

最も基本的な、合計金額の出し方を解説します。

1 サンプルデータ「chapter2_8.xlsx」のシート「合計1」を開きます。

サンプルデータ
📁 chapter2 ▶ chapter2_8.xlsx ▶ シート「合計1」

	A	B	C	D	E	F
1	部門名	プロジェクト名	04月度	05月度	06月度	合計
2	A部門	Aエリア道路工事		158,000		
3	C部門	Cシステム販売		300,000		
4	A部門	A地区電線保守工事	56,800	39,400	29,600	
5	B部門	B株式会社派遣業務	266,900	221,700	228,600	
6	A部門	A市電柱移設工事	641,000	2,582,996		
7	C部門	C機器販売	400,000			
8	B部門	B事務所派遣業務	124,800		83,100	
9	B部門	B有限会社派遣業務	464,300		42,522	
10	C部門	Cシステム設計	500,000			
11		合計	=SUM(C2:C10)			

2 ここでは例として、「04月度」の合計額をSUM関数で計算します。C11セルにSUM関数を入力します。

入力する式 C11
= SUM(C2:C10)

	A	B	C	D	E	F
1	部門名	プロジェクト名	04月度	05月度	06月度	合計
2	A部門	Aエリア道路工事		158,000		
3	C部門	Cシステム販売		300,000		
4	A部門	A地区電線保守工事	56,800	39,400	29,600	
5	B部門	B株式会社派遣業務	266,900	221,700	228,600	=SUM(C5:E5)
6	A部門	A市電柱移設工事	641,000	2,582,996		
7	C部門	C機器販売	400,000			
8	B部門	B事務所派遣業務	124,800		83,100	
9	B部門	B有限会社派遣業務	464,300		42,522	
10	C部門	Cシステム設計	500,000			
11		合計	2,453,800			

3 F5セルを選択した状態で、[Alt]+[Shift]+[=]キーを押すとSUM関数「=SUM(C5:E5)」が挿入されます。

	A	B	C	D	E	F
1	部門名	プロジェクト名	04月度	05月度	06月度	合計
2	A部門	Aエリア道路工事		158,000		
3	C部門	Cシステム販売		300,000		
4	A部門	A地区電線保守工事	56,800	39,400	29,600	
5	B部門	B株式会社派遣業務	266,900	221,700	228,600	717,200
6	A部門	A市電柱移設工事	641,000	2,582,996		
7	C部門	C機器販売	400,000			
8	B部門	B事務所派遣業務	124,800		83,100	
9	B部門	B有限会社派遣業務	464,300		42,522	
10	C部門	Cシステム設計	500,000			
11		合計	2,453,800			

4 C11セルに「04月度」の合計額、F5セルに「B株式会社派遣業務」の合計額が表示されます。

完成サンプル
📁 chapter2 ▶
📄 chapter2_8.xlsx ▶
シート「合計2」

活用テク 15 SUMIF関数で部門ごとの合計金額を算出する

活用テク 15 SUMIF関数で部門ごとの合計金額を算出する

ここが重要
SUM関数に「IF」をつけて、計算に条件をつけます。

1 サンプルデータ「chapter2_8.xlsx」のシート「合計3」を開きます。

> **サンプルデータ**
> 📁 chapter2 ▶ 📄 chapter2_8.xlsx ▶ シート「合計3」

	A	B	C
1	部門名	プロジェクト名	合計
2	A部門	Aエリア道路工事	158,000
3	C部門	Cシステム販売	300,000
4	A部門	A地区電線保守工事	125,800
5	B部門	B株式会社派遣業務	717,200
6	A部門	A市電柱移設工事	3,223,996
7	C部門	C機器販売	400,000
8	B部門	B事務所派遣業務	207,900
9	B部門	B有限会社派遣業務	506,822
10	C部門	Cシステム設計	500,000
11		合計	6,139,718
12			
13	A部門		=SUMIF($A$2:$A$10,A13,$C$2:$C$10)
14	B部門		
15	C部門		
16			

SUMIF(範囲, 検索条件, [合計範囲])

2 ここでは、「A部門」「B部門」「C部門」の部門ごとの合計金額を算出します。C13セルにSUMIF関数を入力します。

> **入力する式** C13
> =SUMIF($A$2:$A$10,A13,$C$2:$C$10)

	A	B	C
1	部門名	プロジェクト名	合計
2	A部門	Aエリア道路工事	158,000
3	C部門	Cシステム販売	300,000
4	A部門	A地区電線保守工事	125,800
5	B部門	B株式会社派遣業務	717,200
6	A部門	A市電柱移設工事	3,223,996
7	C部門	C機器販売	400,000
8	B部門	B事務所派遣業務	207,900
9	B部門	B有限会社派遣業務	506,822
10	C部門	Cシステム設計	500,000
11		合計	6,139,718
12			
13	A部門		3,507,796
14	B部門		1,431,922
15	C部門		1,200,000
16			6,139,718

3 条件であるセルA13の値「A部門」の合計金額が、指定した範囲から集計されて表示されます。C14セル、C15セルにも同様に入力すれば、部門ごとの合計金額を算出できます。

> **入力する式** C14
> =SUMIF($A$2:$A$10,A14,$C$2:$C$10)

> **入力する式** C15
> =SUMIF($A$2:$A$10,A15,$C$2:$C$10)

> **完成サンプル**
> 📁 chapter2 ▶ 📄 chapter2_8.xlsx ▶ シート「合計4」

活用テク 16 SUMPRODUCT関数で金種ごとの合計金額を算出する

ここが重要
数量と単価から計算するときに使う関数です。

下図の現金有高帳を例にして説明します。

▼現金有高帳の例

	A	B	C	D	E	F	G	H	I	J	K	L	M
1		金種	10,000	5,000	2,000	1,000	500	100	50	10	5	1	合計
2	1月1日	枚数	24	17		27	7	16	2	26	11	6	
3	1月2日		24	15		22	7	18	2	22	10	7	
4	1月3日		22	13		18	5	15	2	18	7	5	
5	1月4日		19	9		15	8	12	1	13	5	5	

金種とは10,000円や100円などの紙幣や硬貨の種類です。SUMPROCUCT関数では、それぞれの金額が異なる小計を計算した上で、合計を算出できます。

1 サンプルデータ「chapter2_8.xlsx」のシート「合計5」を開きます。

> **サンプルデータ**
> 📁 chapter2 ▶ 📄 chapter2_8.xlsx ▶ シート「合計5」

	A	B	C	D	E	F	G	H	I	J	K	L	M	N	O
1		金種	10,000	5,000	2,000	1,000	500	100	50	10	5	1	合計		
2	1月1日	枚数	24	17		27	7	16	2	26	11	6	=SUMPRODUCT($C$1:$L$1,C2:L2)		
3	1月2日		24	15		22	7	18	2	22	10	7			
4	1月3日		22	13		18	5	15	2	18	7	5			
5	1月4日		19	9		15	8	12	1	13	5	5			

2 M2セルにSUMPRODUCT関数を入力します。

> **入力する式 M2**
> =SUMPRODUCT($C$1:$L$1,C2:L2)

	A	B	C	D	E	F	G	H	I	J	K	L	M
1		金種	10,000	5,000	2,000	1,000	500	100	50	10	5	1	合計
2	1月1日	枚数	24	17		27	7	16	2	26	11	6	357,521
3	1月2日		24	15		22	7	18	2	22	10	7	342,677
4	1月3日		22	13		18	5	15	2	18	7	5	307,320
5	1月4日		19	9		15	8	12	1	13	5	5	255,410

3 金種ごとの合計金額が算出されます。

> **完成サンプル**
> 📁 chapter2 ▶ 📄 chapter2_8.xlsx ▶ シート「合計6」

ポイント

44ページのSUMPRODUCT関数の式にあてはめると、配列1の金種が要素になります。配列2では金種の枚数を取得し、金種の種類と積算し、すべての金種金額を計算して合計値を算出します。

Chapter 2-8 関数で文字や数値を操作する

関数は、計算をするだけのものではありません。文字や数値の空きを揃えたり、桁を揃えたりもできます。文字や数値がきれいに並んでいないと、読みにくいだけでなく、誤解を生む恐れもあります。

文字を操作する関数

　実際の業務では、異なるソフトやシステムから取り出したデータをVLOOKUPなどの関数を使い、さらに別のデータを作成することがあります。例えばピボットテーブルで集計データを作成する際に、形式が異なるものが混じっていると集計値がおかしくなります。そのため、文字操作関数を使ってデータを整理する必要があります。

▼文字列や数値を変換、または不要なスペースを削除する関数

関数	説明	計算式例	文字列	変換後
TRIM	不要なスペースをすべて削除する（単語間のスペースは1つ残る）	=TRIM(文字列)	AAA A　AA　　AAA	AAA A AA AAA
JIS	半角の英数カナ文字を全角の英数カナ文字に変換する	=JIS(文字列)	ｶﾅ	カナ
ASC	全角の英数カナ文字を半角の英数カナ文字に変換する	=ASC(文字列)	カナ	ｶﾅ
VALUE	文字列として入力されている数字を数値に変換する	=VALUE(文字列)	111	111

● 文字列から指定した文字数を取得する関数

下記では例として、「今日はいい天気です」という文字列から返り値を取得しています。これらの関数では半角と全角の区別はなく、1文字を1つとして処理します。

▼文字列から指定した文字数を取得する関数

関数	説明	計算式例	文字列	返り値
LEFT	文字列の左から指定された数の文字を返す	=LEFT(文字列,5)	今日はいい天気です	今日はいい
RIGHT	文字列の右から指定された数の文字を返す	=RIGHT(文字列,4)	今日はいい天気です	天気です
MID	文字列の指定した位置から、指定された数の文字を返す	=MID(文字列,4,4)	今日はいい天気です	いい天気

数値を操作する

下記の関数では、「数値」の桁数が指定した桁数になるように切り捨てます。桁数が正の場合は小数部を、負の場合は整数部を切り捨て、桁数がゼロの場合は整数化します。

▼数値を操作する関数

関数	説明	計算式例	＊＊=1	＊＊=2	＊＊=-1
ROUNDDOWN	数値を切り捨てる	=ROUNDDOWN(1000/3,＊＊)	333.3	333.33	330
ROUNDUP	数値を切り上げる	=ROUNDUP(1000/3,＊＊)	333.4	333.34	340

関数	説明	計算式例	計算結果
INT	切り捨てて整数にした数値を返す	=INT(1000/3)	333

Chapter >>
2-9 資料を探す手間を省く

パソコンの中にあるファイルを探すのに苦労した経験は、誰でもあると思います。そんなときに便利なExcelの機能を紹介します。いちいちファイルを開く手間がなくなり、地味ながらも効率が上がる機能です。

　無駄な作業に「資料を探す」というのがあります。中身がすぐにわかるファイル名を付けていれば問題ないのですが、そのときはわかるタイトルを付けても、時間が経つとわからなくなってしまうことがあります。また同じ資料を複数作成する際、バージョン管理ができていればよいですが、それができていないと最新のファイルがわからなくなります。

　そんなときに使えるのがプレビューウィンドウです。プレビューウィンドウを利用すると、ファイルを開かなくても中身を確認することができます。プレビューウィンドウを利用するには、エクスプローラーのウィンドウメニューで、メニュータブの「表示」から「プレビューウィンドウ」をクリックします。

▼プレビューウィンドウ

> **MEMO** 左図はWindows 8.1の場合です。Windows 7では、ウィンドウの右上にアイコンがあります。

　上図のように、右側がファイルの中を表示するプレビュー画面になります。シートの切り替えができるので、複数のシートがあっても内容を確認できます。

Chapter 2-10 ショートカットキーを活用する

Excelの操作をもっと速くしたい人は「マウスを使わない」ことを意識しましょう。マウス使わない操作方法とは、つまり「ショートカットキー」を活用することです。

● 便利なショートカットキー

ショートカットキーは、キーボード入力でパソコンの機能を実行することです。よく知られているものとしては、[Ctrl]+[C]キーでコピー、[Ctrl]+[V]キーで貼り付けができます。

ショートカットキーは業務効率アップに欠かせません。例として、Excelで何かをコピーするときにマウスを利用した場合と、ショートカットキーを利用した場合の操作を書き出してみます。

● マウスを利用した場合
①マウスでコピーするセルを選択
②右クリック
③メニューから「コピー」を選択
④マウスで貼り付けるセルを選択
⑤右クリック
⑥メニューから「貼り付け」を選択

● ショートカットキーを利用した場合
①キーボードでコピーするセルを選択
②[Ctrl]+[C]キーを押す
③キーボードで貼り付けるセルを選択
④[Ctrl]+[V]キーを押す

ショートカットキーを使えば、動作が2つ少なくなります。実際に操作をしてもらうとわかりますが、メニューから「コピー」や「貼り付け」を選ぶという操作がわずらわしく感じるはずです。さらに、キーボードから手を放してマウスをつかむという動作も面倒に思うはずです。

大した時間ではないと思うかもしれませんが、少しの時間でも積み重なれば、その時間は膨大になります。逆にいえば、ショートカットキーを使えば使うほど、そして組み合わせが増えれば増えるほど、事務処理のスピードは格段に速くなっていきます。

ショートカットキーは意識しないとなかなか身につきません。一番早く身につける方法は「マウスを使わない」ことです。またショートカットキーを利用すると、ただ作業量が減るだけでなく、仕事をてきぱき済ませている満足感を得られると思います。

分類	機能	ショートカットキー
コピー／貼り付け	コピーする	Ctrl + C
	貼り付ける	Ctrl + V
	1つ上のセルの値をコピーする	Ctrl + Shift + " または Ctrl + Shift + '
	1つ上のセルの内容と書式をコピーして貼り付ける	Ctrl + D
	1つ左のセルの内容と書式をコピーして貼り付ける	Ctrl + R
書式変更	太字の設定／解除	Ctrl + 2 または Ctrl + B
	斜体の設定／解除	Ctrl + 3 または Ctrl + I
	下線の設定／解除	Ctrl + 4 または Ctrl + U
	取り消し線の設定／解除	Ctrl + 5
	数値の表示形式を「日付」にする	Ctrl + Shift + #
	数値の表示形式を「通貨」にする	Ctrl + Shift + $
	数値の表示形式を「パーセンテージ」にする	Ctrl + Shift + %
	数値の表示形式を「標準」にする	Ctrl + Shift + ~
	外枠罫線を表示する	Ctrl + Shift + &
	外枠罫線を削除する	Ctrl + Shift + _
日時の取得	現在の年月日を入力する	Ctrl + ;
	現在の時刻を入力する	Ctrl + :
	セルにコメント（メモ）をつける	Shift + F2
ダイアログボックス	「セルの書式設定」ダイアログボックスを開く	Ctrl + 1
	「関数の挿入」ダイアログボックスを開く	Shift + F3
	「検索」ダイアログボックスを開く	Ctrl + F
	「置換」ダイアログボックスを開く	Ctrl + H
	「セルの挿入」ダイアログボックスを開く	Ctrl + Shift + +
	「セルの削除」ダイアログボックスを開く	Ctrl + -
セルの選択	同じ列にある情報を選択する	Alt + ↓
	離れた位置にあるセルを同時に選択する	Ctrl を押したまま他のセルを選択
	範囲内のセルをすべて選択する	Shift を押したまま他のセルを選択
	列全体を選択する	Ctrl + space

分類	機能	ショートカットキー
	アクティブなセル領域を選択する	Ctrl + A
	ワークシート全体を選択する	Ctrl + A を2回押す
	先頭のセルまで選択する	Ctrl + Shift + Home
	同じ行または列の空白でないセルまで選択する	Ctrl + Shift + 任意の方向キー
	同じ行または列のセルをすべて選択する	Ctrl + Shift + 方向キーを2回押す
表示/非表示	アクティブセルの行を非表示にする	Ctrl + 9
	選択した範囲内で非表示になっている行を表示する	Ctrl + Shift + 9
	アクティブセルの列を非表示にする	Ctrl + 0
セルの移動	上のセルに移動する	Shift + Enter
	下のセルに移動する	Enter
	左のセルに移動する	Shift + Tab
	右のセルに移動する	Tab
	データが入力されている範囲の端に移動する	Ctrl + 任意の方向キー
	行の先頭のセルに移動する	Home
	ワークシートの先頭のセルに移動する	Ctrl + Home
便利機能	セルを編集状態にする	F2
	セルの中で改行する	セルを編集状態にして Alt + Enter
	1つ前の状態に戻す	Ctrl + Z
	右のシートに移動する	Ctrl + PageDown
	左のシートに移動する	Ctrl + PageUp
	フィルターをつける	Ctrl + Shift + L
	名前を付けて保存	F12

活用テク 17 ショートカットキーを追加する

活用テク 17 ショートカットキーを追加する

ここが重要

自分独自のショートカットキーを作成することができます。

　よく利用するメニュー機能は「クイックアクセスツールバー」に追加すると、「Alt＋数字キー」で利用できるようになります。通常、Excelのメニューをショートカットキーで利用する場合、キー操作が2回になりますが、「クイックアクセスツールバー」に登録した場合、「Alt＋数字キー」の1回だけで操作できるようになります。

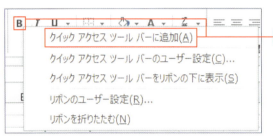

1 追加したいメニュー（ここでは「太字」）にポインターをあわせて右クリックを押すと、メニューが表示されます。「クイックアクセスツールバーに追加」を選択します。

2 書式を太字に変換するメニューのアイコンである「B」が「クイックアクセスツールバー」に追加されます。

3 Alt キーを押すと、「クイックアクセスツールバー」に表示されているメニューに数字が表示されるので、数字キーを押すとそのメニューが実行されます。

第 3 章

ピボットテーブルで効率化する

ピボットテーブルとは、簡単な操作でさまざまな集計をすることができるExcelの機能です。ピボットテーブルの素晴らしいところは、直感的でわかりやすいところです。この章では、基本的な点を押さえ、実際に集計をしていく中で、仕組みについて理解を深めていきます。

Chapter >>
3-1 ピボットテーブルとは

ピボットテーブルは経理にとって最も利用価値の高いExcelの機能といえます。集計方法を工夫することで、さまざまな視点からの分析ができます。実際に操作しながら一通りの機能を実感してみてください。

　「ピボットテーブル」とは、簡単な操作でさまざまな集計ができるExcelの機能の1つです。書店のExcelコーナーへ行くと、ピボットテーブルだけで1冊の本になっているくらいです。難しいと思っている人も多いと思いますが、実はとても簡単です。2、3回作成してみれば、どういったものであるか理解できるはずです。しかし、さまざまな機能を持っているため、それらを活用できるようになるには慣れが必要になります。

　そこでこの章では、経理になじみのある損益計算書などを、会計ソフトから出力した仕訳データを利用して作成する方法でピボットテーブルの使い方を解説します。

○ 素材となるデータを用意する

　イメージをつかみやすくするために、ピボットテーブルでどんなものができるかを紹介しながら、その利点を説明します。まず、右図のような素材となるデータを用意します（この後の手順ではダウンロードデータを使用します）。

▼ピボットテーブルの素材となるデータ

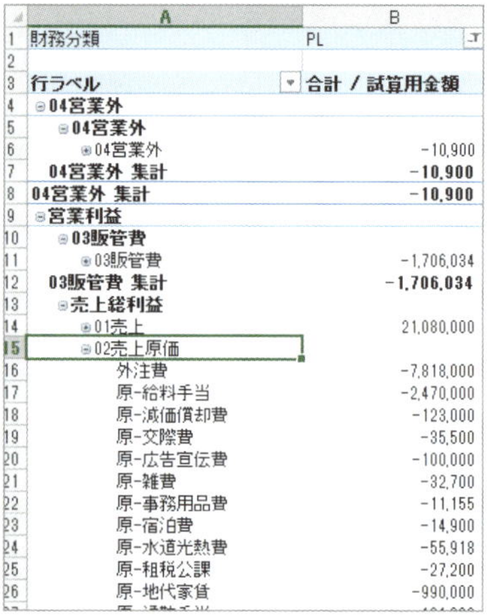

	A	B
1	財務分類	PL
2		
3	行ラベル	合計 / 試算用金額
4	⊟04営業外	
5	⊟営業外	
6	⊟04営業外	-10,900
7	04営業外 集計	-10,900
8	04営業外 集計	-10,900
9	⊟営業利益	
10	⊟03販管費	
11	⊟03販管費	-1,706,034
12	03販管費 集計	-1,706,034
13	⊟売上総利益	
14	⊟01売上	21,080,000
15	⊟02売上原価	
16	外注費	-7,818,000
17	原-給料手当	-2,470,000
18	原-減価償却費	-123,000
19	原-交際費	-35,500
20	原-広告宣伝費	-100,000
21	原-雑費	-32,700
22	原-事務用品費	-11,155
23	原-宿泊費	-14,900
24	原-水道光熱費	-55,918
25	原-租税公課	-27,200
26	原-地代家賃	-990,000

3-1

● さまざまな損益計算書ができる

元のデータから、経理ではおなじみの損益計算書を作ることができます。

▼損益計算書

	A	B	C	D
3	行ラベル	総勘C	総勘定科目名	合計 / 利益計算用
4	⊟01売上	⊞1001	売上高	39,972,000
5	01売上 集計			39,972,000
6	⊟02資材費	⊞1002	資材費	-7,152,000
7	02資材費 集計			-7,152,000
8	⊟03労務費	⊞1003	労務費	-5,993,000
9	03労務費 集計			-5,993,000
10	⊟04外注費	⊞1004	外注費	-15,757,000
11	04外注費 集計			-15,757,000
12	⊟05経費	⊞2001	原-給料	-1,740,000
13		⊞2002	原-時間外等	-263,000
14		⊞2003	原-通勤手当	-82,000
15		⊞2004	原-賞与	-424,000
16		⊞2005	原-退職金	-8,000
17		⊞2006	原-法定福利費	-1,131,000
18		⊞2007	原-福利厚生費	-38,000
19		⊞2008	原-備品費	-421,000
20		⊞2009	原-地代家賃	-138,000
21		⊞2010	原-通信費	-90,000
22		⊞2011	原-水道光熱費	-6,000
23		⊞2012	原-車両経費	-46,000
24		⊞2013	原-事務用品費	-42,000
25		⊞2014	原-租税公課	-14,000
26		⊞2015	原-旅費交通費	-496,000
27		⊞2016	原-宿泊費	-68,000
28		⊞2017	原-交際費	-212,000
29		⊞2018	原-減価償却費	-4,000
30		⊞2019	原-雑費	-232,000
31	05経費 集計			-5,455,000

▼簡易版損益計算書

	A	B
3	行ラベル	金額
4	01売上	39,972,000
5	02資材費	-7,152,000
6	03労務費	-5,993,000
7	04外注費	-15,757,000
8	05経費	-5,455,000
9	06販管費	-3,488,600
10	08営業外収益	6,000
11	09営業外費用	-7,000
12	総計	2,125,400

▼月別損益計算書

▼比率を入れ込んだ損益計算書

Chapter 3-2 テーブルとなるデータのルール

ピボットテーブルを作成するには、きちんとルールに従ったデータが必要です。複雑なルールではありませんので、ここで覚えましょう。ルールさえ守れば、直感的に操作してもある程度のことができます。

データのルール

ピボットテーブルのデータ入力にはいくつかルールがあります。

・先頭行を1行、列見出しとして設定する
・列見出しに2回以上同じ名前を使わない
・列（フィールド）には、同じ内容のデータを入力する。（日付であれば日付のみ、数値であれば数値のみ）
・1列（フィールド）には1列分のデータを入力する
・1行（レコード）に1件分のデータを入力する

上記のデータのルールを守って作成されたデータが次ページ図（上）です。
　一方、次ページ図（下）のようなデータではピボットテーブルが機能しません。Excelの見た目を揃えることに気を使っていると起こりがちなので、注意しましょう。

▼正しく入力されたデータ

▼ピボットテーブルを作成できないデータ

Chapter >> 3-3 ピボットテーブルで損益計算書を作成する

ピボットテーブルで損益計算書を作成すると、多くのメリットがあります。経理担当者だけではなく、他の部署でも各自で分析できるようになり、有効活用できるようになります。

● ピボットテーブルで損益計算書を作成する理由

　なぜ、会計ソフトで作成できる損益計算書を、わざわざピボットテーブルを使って作成する必要があるのか？　それは、実績を把握しておく必要がある者に対して、知るべき数字を提供するためです。

　会計ソフトを誰でも利用できるのであれば、ピボットテーブルで損益計算書を作成する必要はありません。ですが、会計ソフトを利用できる人は経理担当者のみに限られています。会計ソフトに誰でもアクセスできた場合、誰でも仕訳データを入力できてしまう状態になるからです。数字の信頼性を担保するためには、アクセスを制限するのが現実的です。会計ソフトに閲覧権限だけあるという設定が可能であれば、その方法による運用も適切だと思います。しかしその場合、ライセンス権限が必要となるので、ソフトによってはライセンス費用が別途発生することになります。

　また、会計ソフトは慣れていない人にとっては扱いづらいものです。各自が利用するには必ずしもよいとはいえません。

● 各自で分析ができる

　そこで使えるのが、Excelの機能であるピボットテーブルです。Excelはたいていの人のパソコンにインストールされているアプリケーションなので、操作に慣れています。

　会計ソフトから出力した仕訳データをピボットテーブルで集計したものを提供すれば、各自で数字を多面的に分析することが可能です。

● より詳細な数字を提供できる

　例えば、社長から各責任者に「コスト削減しろ」という指示が出た場合、どのコストが削減できるのか、あるいはすべきなのかを検討するための情報を提供する必要があります。

　ただコストを削減しようとしても、現状が把握できていない状態ではやりようがありません。やみくもにコストの削減をしたがために、現場のやる気が削がれ売上も減ってしまい、利益が下がってしまっては本末転倒です。

　会社としてコスト削減を行うのは当たり前ですが、より効果を出すには、なぜそのコストを削減する必要があるのかを説明し、浸透させる必要があります。具体的な数値の裏付けがあるのとないのとでは説得力が違います。

　ピボットテーブルを利用すれば、そういった情報を作成できます。会計ソフトから出力する分析帳票も利用しつつも、さらに細かい分析をするものとしてピボットテーブルを利用すれば、適切で詳細な情報を提供できるのです。

活用テク 18 新規ピボットテーブルを作成する

ここが重要
ピボットテーブルを作成することで、活用しやすいデータになります。

● サンプルデータの見方

ここでは、ダウンロードできるサンプルデータを使用します。ダウンロード方法については、8ページを参照してください。下に、それぞれの項目の説明を表にしました。

▼サンプルデータの項目の説明

項目	記入例	説明
日付	11 430	仕訳データの伝票日付
部門名	A部門	仕訳データの部門名
科目コード	4001	仕訳データの科目コード
勘定科目名	資材費	仕訳データの勘定科目名
補助科目名	飲食代	仕訳データの補助科目名
金額	111000	仕訳データの金額
プロジェクトコード	A0000003-00	仕訳データのプロジェクトコード
プロジェクト名	A市電柱移設工事	仕訳データのプロジェクト名
摘要	伝票No:3004	仕訳データの摘要
貸借区分	借方	仕訳の借方側か貸方側か
担当者名	山田 七郎	プロジェクトの担当者
個別共通	個別	個別プロジェクトの費用か、部門共通などの費用か
得意先	川口株式会社	プロジェクトの得意先名
財務分類	PL	貸借対照表＝「BS」、損益計算書＝「PL」
勘定分類	02売上原価	損益計算書作成のために利用
変動損益分類	02変動費	限界利益を計算するために利用
人件費集計	02売上原価	人件費を把握するために利用
月度	04月度	月別推移を把握するために利用
試算用金額	－111000	利益計算をするために利用

● 損益計算書を作成する

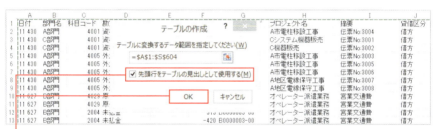

1 サンプルデータ「chapter3_1.xlsx」をダウンロードして開きます。シートのタブから「損益計算書1」を選択してください。

サンプルデータ
📁 chapter3 ▶ 📄 chapter3_1.xlsx ▶ シート「損益計算書1」

MEMO サンプルで用意しているデータは会計ソフトから出力した仕訳データを加工して作成したものです。データの作成方法は第4章で解説します。

2 データをテーブルにします。メニュータブの「挿入」をクリックし、「テーブル」をクリックします。

3 テーブルに変換するデータ範囲を指定するダイアログボックスが開くので、「先頭行をテーブルの見出しとして使用する」にチェックを入れ、「OK」をクリックします。

ポイント
データが連続している場合、自動的に範囲が指定されます。

4 データがテーブル化するとデザインが変わります。

完成サンプル
📁 chapter3 ▶ 📄 chapter3_1.xlsx ▶ シート「損益計算書2」

活用テク18 新規ピボットテーブルを作成する

5 テーブル名を変更します。「デザイン」タブをクリックし、「テーブル名」を「仕訳データ」に変更します。

6 「ピボットテーブルで集計」をクリックします。

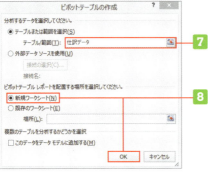

7 「ピボットテーブルの作成」ダイアログボックスが開きます。選択するデータには先ほど設定したテーブル名が自動的に挿入されます。

8 ピボットテーブルを作成する場所を設定します。「新規ワークシート」を選択して「OK」をクリックすると、空のピボットテーブルが作成されます。

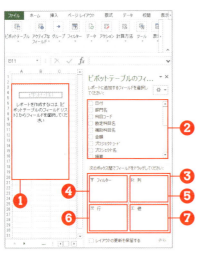

❶ **ピボットテーブル表示エリア**
レイアウトセレクションに設定したフィールド値が表示されるエリア

❷ **フィールドセレクション**
ピボットテーブルの参照しているテーブルのフィールド行見出しがリスト表示されるエリア

❸ **レイアウトセレクション**

❹ **「レポートフィルター」ボックス**
データを絞り込んで表示させたいフィールドを設定する

❺ **「列ラベル」ボックス**
列ラベルに表示させたいフィールドを設定する

❻ **「行ラベル」ボックス**
行ラベルに表示させたいフィールドを設定する

❼ **「値」ボックス**
合計値やデータ数などの集計して表示させたいフィールドを設定する

完成サンプル

📁 chapter3 ▶ 📄 chapter3_1.xlsx ▶
シート「損益計算書3」

活用テク 19 ピボットテーブルにデータを表示する

ここが重要
利用したいデータを表示して、表示形式を整えます。

1. 前ページで作成した空のピボットテーブル、またはサンプルデータを開きます。

サンプルデータ
chapter3 ▶ chapter3_1.xlsx ▶ シート「損益計算書3」

2. ピボットテーブル表示エリアに表示させるには、フィールド表示エリアからフィールド名をドラッグして、表示したいボックスへドロップします。「ピボットテーブルのフィールド」の「勘定分類」を「行」ボックスにドラッグ＆ドロップします。

3. 「試算用金額」を「値」ボックスにドラッグ＆ドロップします。

4. カンマがなく読みにくいので、「合計 / 試算用金額」の値の表示形式を変更します。「値」ボックスの「合計 / 試算用金額」をクリックすると、メニューが表示されます。「値フィールドの設定」を選択します。

活用テク19 ピボットテーブルにデータを表示する

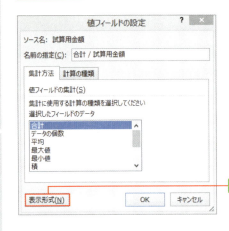

5 「表示形式」をクリックします。

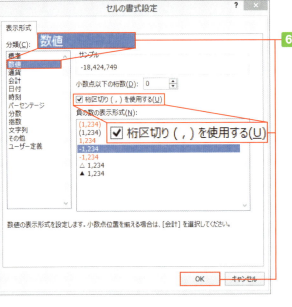

6 「分類」から「数値」を選択し、「桁区切り（,）を使用する」にチェックを入れて、「OK」をクリックします。

7 数値が桁区切りになります。これでデータの表示は完了です。

完成サンプル

chapter3 ▶ chapter3_1.xlsx ▶
シート「損益計算書4」

活用テク 20 データを整理する

ここが重要

フィルターやグループ化の機能を使って、必要なデータだけ表示します。

● 損益計算書に関係する仕訳だけ表示する

このデータには「資産」「負債」などの「BS（貸借対照表）」仕訳が混じっているので、「PL（損益計算書）」仕訳だけを表示するようにフィルターをかけます。

1 前ページまでで作成したデータ、またはサンプルデータを開きます。

サンプルデータ
chapter3 ▶ chapter3_1.xlsx ▶
シート「損益計算書4」

2 「フィルター」ボックスに「財務分類」をドラッグ＆ドロップします。

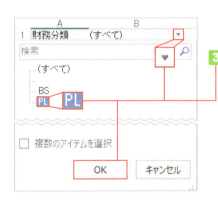

3 シートの左上に「財務分類」のフィルターが表示されます。「▼」をクリックして「PL」を選択し、「OK」をクリックします。

4 損益計算書に関係する仕訳の数字だけ集計されます。

● 売上総利益を計算する

現在の状態では経常利益（表示上は総計）は表示されていますが、売上総利益がわかりません。そこで売上総利益を計算するために、「01売上」と「02売上原価」をグループ化します。

ポイント

売上総利益の計算式は「売上－売上原価」です。

1. 「行ラベル」の「01売上」「02売上原価」を選択します。

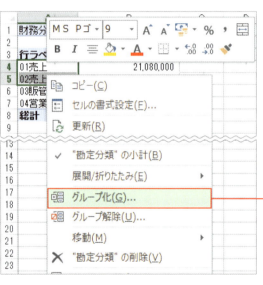

MEMO Shift キーを押しながら項目を選択すると、連続した項目を複数選択できます。

2. 選択した状態のまま右クリックでメニューを表示し、「グループ化」をクリックします。

3. 「01売上」「02売上原価」が「グループ1」という名前でグループ化されました。

4. フィールド名を変更します。「グループ1」のセルを選択して、そのまま「売上総利益」に書き換えます。

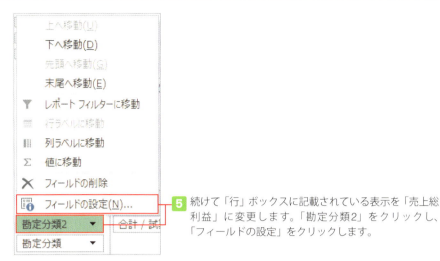

5 続けて「行」ボックスに記載されている表示を「売上総利益」に変更します。「勘定分類2」をクリックし、「フィールドの設定」をクリックします。

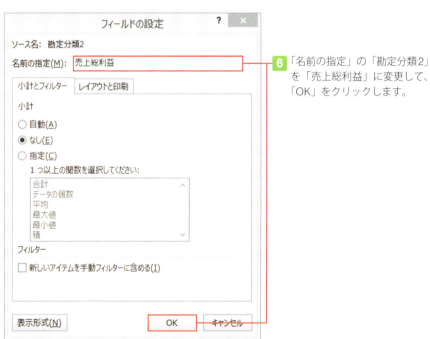

6 「名前の指定」の「勘定分類2」を「売上総利益」に変更して、「OK」をクリックします。

活用テク20 データを整理する

● 営業利益を計算する

売上総利益を計算するための集計グループを作成したので、同様に営業利益を計算するためにグループ化します。

営業利益の計算式は「売上総利益−販管費」です。

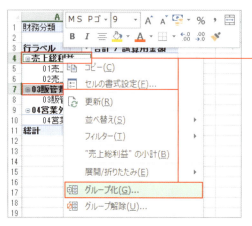

1 「売上総利益」と「03販管費」を選択し、右クリックしてメニューを表示させ、「グループ化」をクリックします。

MEMO　離れたセルを同時に選択するには、Ctrl キーを押したまま セルをクリックします。

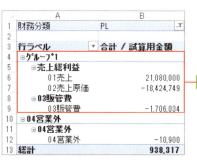

2 「売上総利益」と「03販管費」がグループ化されました。

3 売上総利益を計算した手順と同様に、表示名と、「行」ボックスのフィールド名(勘定分類2)を「営業利益」に変更します。

ポイント
グループ化を解除したい場合は、グループ化されたフィールド名を選択して右クリックし、メニューから「グループ化の解除」を選択します。

● 集計値を表示する

売上総利益や営業利益のグループが作成されましたが、グループの集計値が表示されていません。「小計値」を使って表示させてみましょう。

1 売上総利益を末尾に表示させるには、「デザイン」タブをクリックし、「小計」から「すべての小計をグループの末尾に表示する」をクリックします。

MEMO 「すべての小計をグループの先頭に表示する」を選択すると、集計値を先頭に表示できます。

● 経費の内訳を表示する

現在の表示では、「02売上原価」の数値の内訳がわかりません。より詳細な内訳を見るための設定を行います。

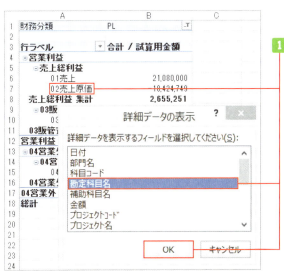

1 「02売上原価」をダブルクリックし、「詳細データの表示」ダイアログボックスを開きます。「勘定科目名」を選択し、「OK」をクリックします。

活用テク20 データを整理する

	A	B
1	財務分類	PL
2		
3	行ラベル	合計 / 試算用金額
4	⊟営業利益	
5	⊟売上総利益	
6	⊞01売上	21,080,000
7	⊟02売上原価	
8	外注費	-7,818,000
9	原-給料手当	-2,470,000
10	原-減価償却費	-123,000
11	原-交際費	-35,500
12	原-広告宣伝費	-100,000
13	原-雑費	-32,700
14	原-事務用品費	-11,155
15	原-宿泊費	-14,900
16	原-水道光熱費	-55,918
17	原-租税公課	-27,200

2 「勘定科目名」が行項目へ追加されます。

ポイント

「02売上原価」の前に表示されている「+/−」をクリックすると、「勘定科目名」の表示/非表示を切り替えられます。その他の勘定分類にも「+/−」が表示されるので、同様に詳細を表示できます。

ポイント

月別損益計算書にするには、「列」ボックスに「月度」を追加します。

▼月別損益計算書の例

	A	B	C	D	E
1	財務分類	PL			
2					
3	合計 / 試算用金額	列ラベル			
4	行ラベル	04月度	05月度	06月度	総計
5	⊟営業利益				
6	⊟売上総利益				
7	01売上	8,130,000	11,225,000	1,725,000	21,080,000
8	02売上原価	-6,519,293	-9,338,369	-2,567,087	-18,424,749
9	売上総利益 集計	1,610,707	1,886,631	-842,087	2,655,251
10	⊟03販管費				
11	03販管費	-574,329	-561,317	-570,388	-1,706,034
12	03販管費 集計	-574,329	-561,317	-570,388	-1,706,034
13	営業利益 集計	1,036,378	1,325,314	-1,412,475	949,217
14	⊟04営業外				
15	⊟04営業外				
16	04営業外	-1,000	-9,900		-10,900
17	04営業外 集計	-1,000	-9,900		-10,900
18	04営業外 集計	-1,000	-9,900		-10,900
19	総計	1,035,378	1,315,414	-1,412,475	938,317

完成サンプル

📁 chapter3 ▶ 📄 chapter3_1.xlsx ▶ シート「損益計算書5」

Chapter 3-4 見やすい資料を作成する

経理の資料作成は、計算すればよいだけではありません。見やすいレイアウトにすることも大切です。項目と数字の羅列である経理の資料にとって、「伝わりやすさ」は非常に重要です。

見やすい資料のポイント

　見やすい資料のポイントを挙げるとすれば、2点に絞られます。1点目はシンプルであること、2点目はどこから見ればよいか迷わないことです。

　情報をたくさん載せた資料は見にくいです。2点目のポイントにもつながるものですが、情報がたくさんあると、どこから見ればよいかわからなくなります。

　会社の資料はほとんどが横書きです。横書きの資料の読まれ方は左から右へ読まれます。ピボットテーブルでの集計表は左上から右下へと視線が流れるような作りになっているので、基本的な機能で作成したままでも、あまり問題はありません。しかし、レイアウト次第で煩雑になるので、ポイントを押さえておく必要があります。

● レイアウトのポイント
- 形式はコンパクト形式が基本
- 集計は末尾で行う
- 空白行を有効的に使う
- 字下げを活用する
- 空白ではなく「0」を入れる
- 行ラベルと列ラベルを消す
- フォントは「メイリオ」または「Arial Unicode MS」を利用
- 桁数を調整する
- 罫線はなるべくなくす

● 基本は「コンパクト形式」

項目表示の基本として、同一列に表記させるのが資料として見やすいです。上位項目の詳細情報であるというのが直感的にわかります。ピボットテーブルの初期設定ではコンパクト形式で作成されます。

▼ピボットテーブルの「コンパクト形式」

	A	B	C	D
1	財務分類	PL		
2				
3	合計 / 試算用金額	列ラベル		
4	行ラベル	04月度	05月度	総計
5	⊟営業利益			
6	⊟売上総利益			
7	⊞01売上	8,130,000	11,225,000	19,355,000
8	⊞02売上原価	-6,519,293	-9,338,369	-15,857,662
9	売上総利益 集計	1,610,707	1,886,631	3,497,338
10	⊞03販管費	-574,329	-561,317	-1,135,646
11	営業利益 集計	1,036,378	1,325,314	2,361,692
12	⊞04営業外	-1,000	-9,900	-10,900
13	総計	1,035,378	1,315,414	2,350,792

ピボットテーブルでは、他に2つの形式が用意されています。表示させる項目が下位項目でない、同レベルのものである場合は、「表形式」を利用するのが望ましいです。明確に分けたい場合は、「アウトライン形式」も使えます。

活用テク 21 形式を変更する

ここが重要

ピボットテーブルの基本レイアウトは3種類あります。状況に応じて選択しましょう。

1 「デザイン」タブの「レポートのレイアウト」をクリックし、利用したい形式を選択します。

▼アウトライン形式

	A	B	C	D	E	F	G
1	財務分類	PL					
2							
3	合計 / 試算用金額				月度		
4	営業利益	売上総利益	勘定分類	勘定科目名	04月度	05月度	総計
5	営業利益				1,036,378	1,325,314	2,361,692
6		売上総利益			1,610,707	1,886,631	3,497,338
7				01売上	8,130,000	11,225,000	19,355,000
8				02売上原価	-6,519,293	-9,338,369	-15,857,662
9			03販管費		-574,329	-561,317	-1,135,646
10	04営業外				-1,000	-9,900	-10,900
11	総計				1,035,378	1,315,414	2,350,792

▼表形式

	A	B	C	D	E	F	G
1	財務分類	PL					
2							
3	合計 / 試算用金額				月度		
4	営業利益	売上総利益	勘定分類	勘定科目名	04月度	05月度	総計
5	営業利益	売上総利益	01売上		8,130,000	11,225,000	19,355,000
6			02売上原価		-6,519,293	-9,338,369	-15,857,662
7		売上総利益 集計			1,610,707	1,886,631	3,497,338
8		03販管費			-574,329	-561,317	-1,135,646
9	営業利益 集計				1,036,378	1,325,314	2,361,692
10	04営業外				-1,000	-9,900	-10,900
11	総計				1,035,378	1,315,414	2,350,792

活用テク 22 集計を末尾に表示する

ここが重要

一般的に「集計値は下部に表示されるもの」という認識があるので、それに従います。

● 集計は末尾で行う

本書で作成したピボットテーブルでは集計は末尾に表示されていますが、先頭行に集計値がある場合は末尾に集計値が表示されるように変更しましょう。

1 「デザイン」タブの「小計」をクリックし、「すべての小計をグループの末尾に表示する」を選択します。

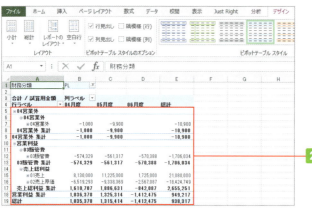

2 末尾に集計値が表示されます。

活用テク 23 空白行を挿入して見やすくする

ここが重要

行間が詰まっていると数字が見づらいです。空白行を入れて行間を取るようにしましょう。

● すべての項目の下に空白行を入れる

1 「デザイン」タブの「空白行」をクリックし、「アイテムの後ろに空行を入れる」を選択します。

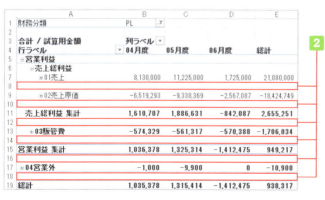

2 各項目の下に空白行が挿入されます。

活用テク23 空白行を挿入して見やすくする

● グループ内の小計ごとに空白行を入れる

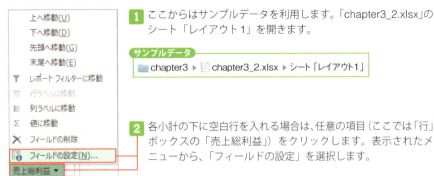

1 ここからはサンプルデータを利用します。「chapter3_2.xlsx」のシート「レイアウト1」を開きます。

サンプルデータ
chapter3 ▶ chapter3_2.xlsx ▶ シート「レイアウト1」

2 各小計の下に空白行を入れる場合は、任意の項目(ここでは「行」ボックスの「売上総利益」)をクリックします。表示されたメニューから、「フィールドの設定」を選択します。

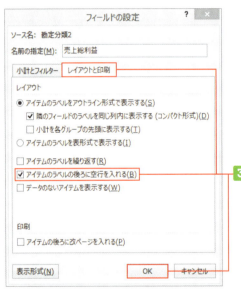

3 「フィールドの設定」ダイアログボックスの「レイアウトと印刷」タブをクリックし、「アイテムのラベルの後ろに空行を入れる」にチェックを入れ、「OK」をクリックします。

4 グループ内の各小計の下に空白行が挿入されます。

活用テク 24 字下げをして別項目であることを明確にする

ここが重要

項目表示は同一列に表記させるのが見やすいと書きましたが、違いをより明確にしたい場合は、インデント機能を使いましょう。

1 前ページで「売上総利益」の後ろに空行を入れたデータをそのまま使用します。「分析」タブの「オプション」をクリックします。

MEMO Excel 2010/2007の場合は、「オプション」タブをクリックして、左端にある「オプション」をクリックします。

2 「ピボットテーブルオプション」ダイアログボックスが開きます。「レイアウトと書式」タブの「レイアウト」にある、「コンパクト形式での行ラベルのインデント」の文字数を増やします(ここでは、文字数を1から3に変更)。「OK」をクリックします。

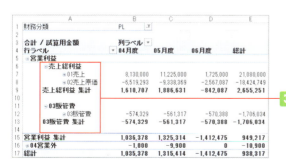

3 項目名が字下げされ、区別しやすくなります。

活用テク 25 空白の代わりに「0」を入れる

活用テク 25 空白の代わりに「0」を入れる

ここが重要

仕訳が発生していないところは空白になっています。資料上の空白は、数字の抜けやエラーと思われてしまう可能性があるので、「0」を表示させるようにしましょう。

1 前ページで字下げをしたデータをそのまま使用します。「分析」タブの「オプション」をクリックします。

2 「ピボットテーブルオプション」ダイアログボックスが開きます。「レイアウトと書式」タブの「書式」にある、「空白セルに表示する値」にチェックを入れ、ボックスに「0」を入力し、「OK」をクリックします。

3 空白のセルに「0」が表示されます。

> **MEMO** 「02売上原価」の左の「+」をクリックして、勘定科目名が表示される状態にしています。

活用テク 26 行ラベルと列ラベルを非表示にする

ここが重要
行ラベルと列ラベルの表示は不要なので、非表示にします。

1. 前ページで作成したデータをそのまま使用します。「分析」タブの「オプション」をクリックします。

2. 「ピボットテーブルオプション」ダイアログボックスが開きます。「表示」タブの「フィールドのタイトルとフィルターのドロップダウンリストを表示する」のチェックを外し、「OK」をクリックします。

3. 行ラベルと列ラベルを非表示にできます。

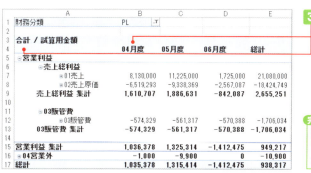

完成サンプル
- chapter3
- chapter3_2.xlsx
- シート「レイアウト2」

活用テク 27 見やすいフォントに変更する

ここが重要
フォントは「メイリオ」または「Arial Unicode MS」を利用するのがおすすめです。

1. 前ページで作成したデータ、またはサンプルデータを開きます。

サンプルデータ
📁 chapter3 ▶
📄 chapter3_2.xlsx ▶
シート「レイアウト2」

2. ピボットテーブル内の適当なセルを選択した状態で、Ctrl + A キーを2回押すと、セル全体が選択されます。

3. 右クリックするとメニューが表示されるので、フォントボックス内のフォント形式に「メイリオ」もしくは「Arial Unicode MS」と入力し、Enter キーを押します。

▼メイリオ

▼Arial Unicode MS

ポイント
これらのフォントのよさは、行ピクセルが自動的に調整されるところです。「メイリオ」は20ピクセル、「Arial Unicode MS」は18ピクセルになります。フォントの良し悪しは感覚的な部分も大きいので、各自で適していると思うフォントを選べばよいでしょう。

活用テク 28 単位を明記し、桁数を変更する

ここが重要

集計表には単位の表記を忘れてはいけません。金額が大きくなると桁数が増えて数字が見にくくなります。単位を変更した上で、明記するようにしましょう。

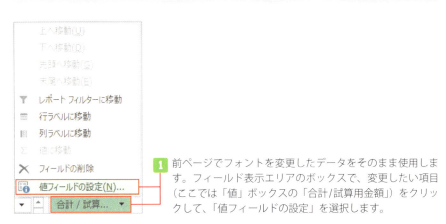

1. 前ページでフォントを変更したデータをそのまま使用します。フィールド表示エリアのボックスで、変更したい項目（ここでは「値」ボックスの「合計/試算用金額」）をクリックして、「値フィールドの設定」を選択します。

2. 「名前の指定」を「単位：千円」に変更し、「表示形式」をクリックします。

活用テク 28 単位を明記し、桁数を変更する

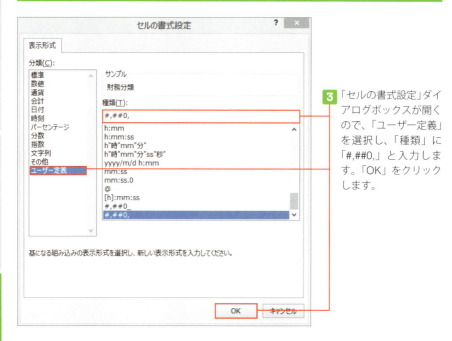

3 「セルの書式設定」ダイアログボックスが開くので、「ユーザー定義」を選択し、「種類」に「#,##0,」と入力します。「OK」をクリックします。

4 単位が表示され、桁数が変わります。

完成サンプル
chapter3 ▶
chapter3_2.xlsx ▶
シート「レイアウト3」

活用テク 29 罫線はなるべく使わず、装飾もシンプルにする

ここが重要

用意されているデザインがたくさんあるので、気に入ったものがあれば利用してみましょう。自分でデザインすることもできるので、ここでは筆者おすすめのレイアウトに設定する方法を紹介します。

1 前ページで作成したデータ、またはサンプルデータを開きます。

サンプルデータ
chapter3 ▶
chapter3_2.xlsx ▶
シート「レイアウト3」

2 「デザイン」タブをクリックし、▼をクリックします。

3 さまざまなデザインが表示されます。一番下にある「新しいピボットテーブルスタイル」をクリックします。

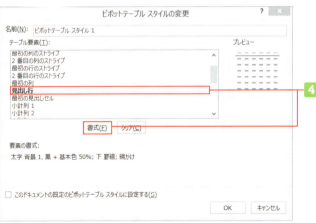

4 「ピボットテーブルスタイルの変更」ダイアログボックスが開きます。ピボットテーブルの要素がリスト表示されるので、「見出し行」を選択した状態で「書式」をクリックします。

活用テク29 罫線はなるべく使わず、装飾もシンプルにする

5 「フォント」タブをクリックし、「スタイル」で太字を、「色」でグレーを選択します。

6 「罫線」タブをクリックし、最下部の罫線のみを表示するようにします。

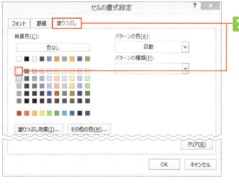

7 「塗りつぶし」タブをクリックし、「背景色」で左上の薄いグレーを選択します。

活用テク 29 罫線はなるべく使わず、装飾もシンプルにする

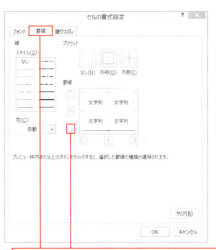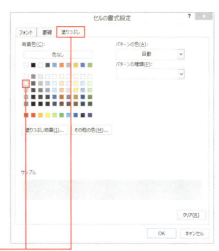

8 同様に、小計行（小計行1～3）と総計行の書式設定をします。「罫線」タブで最下部の罫線のみ表示し、「塗りつぶし」の背景色はグレー（上図参照）を選択します。

9 「デザイン」タブの「ピボットテーブルスタイル」に、設定したスタイルが追加されます。クリックすると、レイアウトが適用されます。

完成サンプル

chapter3 ▶ chapter3_2.xlsx ▶ シート「レイアウト4」

 ポイント

色はグレーのみを使うと、白黒印刷やコピーをしたときも見た目が変わらないため、使いやすいです。

Chapter >>
3-5 簡単な分析をする

ピボットテーブルで作成したデータをもとに、絞り込みによる簡単な分析方法を紹介します。Excelに備わっている機能を使うだけなので、手軽に分析できます。

● スライサーとフィルターの特徴

　フィルターとスライサーはどちらも情報を絞り込むための機能で、簡単な分析をするのにとても便利です。同じ絞り込みのための機能ではありますが、操作方法やできることが異なります。目的に合った方を使えるように、それぞれの特徴をまとめます。

▼スライサー

単位：千円				
	04月度	05月度	06月度	総計
⊞01売上	8,130	11,225	1,725	21,080
⊞02売上原価	-6,519	-9,338	-2,567	-18,425
⊞03販管費	-574	-561	-570	-1,706
⊞04営業外	-1	-10	0	-11
総計	1,035	1,315	-1,412	938

部門名		プロジェクト名	
A部門		Aエリア道路工事	...
B部門		A市電柱移設工事	...
C部門		A地区電線保守工事	...
営業部		A部門共通経費	...
管理部		B部門共通経費	...
全社共通		Cシステム機器販売	...
0		Cシステム販売	...

▼フィルター

単位：千円	列ラベル ▼			
行ラベル ▼	04月度	05月度	06月度	総計
⊞01売上	8,130	11,225	1,725	21,080
⊞02売上原価	-6,519	-9,338	-2,567	-18,425
⊞03販管費	-574	-561	-570	-1,706
⊞04営業外	-1	-10	0	-11
総計	1,035	1,315	-1,412	938

● スライサーの長所と短所

● 長所
- ボタン表示なので、項目の切り替えが簡単
- 複数のスライサーの併用もできるので、さまざまな切り口でのドリルダウン分析を行うことができる
- フィールドリストにあるものであれば、すべて絞り込みの対象になる

● 短所
- 項目に含まれている一部の情報で絞り込むことができない

> **MEMO** スライサーは、Excel 2010 からの新機能です。Excel 2007 では利用できません。

フィルターの長所と短所

● 長所
- 一部の文字を検索して絞り込む
- 非表示にしたい項目を絞り込む
- 項目に含まれている一部の情報で絞り込むことができる

● 短所
- 「行ラベル」「列ラベル」「レポートフィルター」に表示されていないフィールド情報は絞り込めない

活用テク 30 スライサーで絞り込む

ここが重要

「スライサー」を使うとフィールド内の項目がボタン化され、クリックすると選択した項目の集計結果を見ることができます。

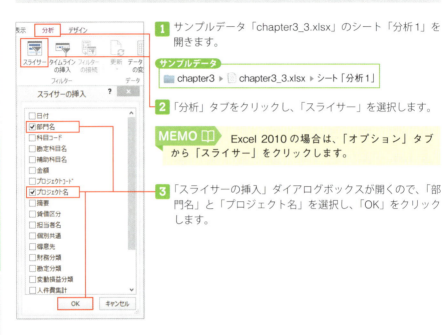

1. サンプルデータ「chapter3_3.xlsx」のシート「分析1」を開きます。

サンプルデータ
chapter3 ▶ chapter3_3.xlsx ▶ シート「分析1」

2. 「分析」タブをクリックし、「スライサー」を選択します。

MEMO Excel 2010の場合は、「オプション」タブから「スライサー」をクリックします。

3. 「スライサーの挿入」ダイアログボックスが開くので、「部門名」と「プロジェクト名」を選択し、「OK」をクリックします。

4. シート上に、選択したフィールドが「ボタン」化されたものが表示されます。

活用テク30 スライサーで絞り込む

3-5 簡単な分析をする

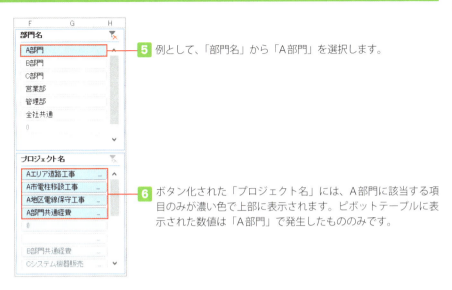

5 例として、「部門名」から「A部門」を選択します。

6 ボタン化された「プロジェクト名」には、A部門に該当する項目のみが濃い色で上部に表示されます。ピボットテーブルに表示された数値は「A部門」で発生したもののみです。

7 「プロジェクト名」から「Aエリア道路工事」を選択すると、「Aエリア道路工事」の利益が算出されます。

完成サンプル
chapter3 ▶ chapter3_3.xlsx ▶ シート「分析2」

MEMO ボタン化したフィールドを消したい場合、右クリックして表示されたメニューから「"(スライサー名)"の削除」を選択します。

93

活用テク31 フィルターで絞り込む

活用テク 31 フィルターで絞り込む

ここが重要

フィルター機能を使うことで、表示したい項目だけに絞り込むことができます。

● シートからフィルターをかける

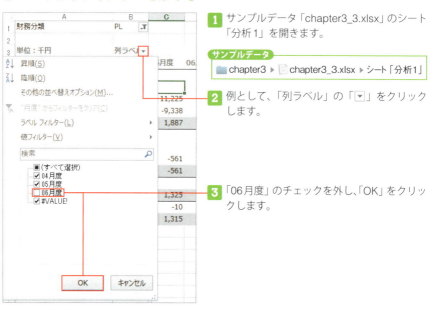

1. サンプルデータ「chapter3_3.xlsx」のシート「分析1」を開きます。

サンプルデータ
chapter3 ▶ chapter3_3.xlsx ▶ シート「分析1」

2. 例として、「列ラベル」の「▼」をクリックします。

3. 「06月度」のチェックを外し、「OK」をクリックします。

ポイント

フィルターが表示されていない場合は、ピボットテーブルオプションの「表示」タブから、「フィールドのタイトルとフィルターのドロップダウンリストを表示する」にチェックを入れてください。
「ピボットテーブルオプション」は、テーブル内の適当なセルを右クリックすると表示されるメニューから選択して開けます。

4 「06月度」の集計行が表示されなくなります。

● フィールド表示エリアからフィルターをかける

1 フィールド名（ここでは「勘定科目名」）にマウスを合わせると、フィールド名に色がつきます。右端に▼マークが表示されるので、クリックします。

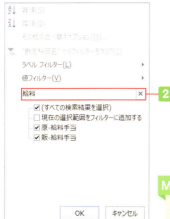

2 ダイアログボックスが開くので、フィルターをかけたい項目名（ここでは「給料」）を検索ボックスに入力して「OK」をクリックすると、その言葉が含まれる項目のみ表示されます。

> **MEMO** Excel 2007の場合は、「ラベルフィルタ」から「指定の値を含む」を選択すると、検索キーワードを入力できます。

活用テク 31 フィルターで絞り込む

	A	B	C	D
1	財務分類	PL .T		
2				
3	単位：千円	列ラベル .T		
4	行ラベル .T	04月度	05月度	総計
5	⊟営業利益			
6	⊟売上総利益			
7	⊞02売上原価	-840	-820	-1,660
8	売上総利益 集計	-840	-820	-1,660
9				
10	⊟03販管費			
11	⊞03販管費	-351	-352	-703
12	03販管費 集計	-351	-352	-703
13				
14	営業利益 集計	-1,191	-1,172	-2,363
15	総計	-1,191	-1,172	-2,363

3 指定した文字列に該当する金額のみが表示されます。

ポイント

勘定科目名が必要なときは、勘定分類の項目の左に表示されている「+」をクリックします。

▼勘定科目を表示した例

	A	B	C	D
1	財務分類	PL .T		
2				
3	単位：千円	列ラベル .T		
4	行ラベル .T	04月度	05月度	総計
5	⊟営業利益			
6	⊟売上総利益			
7	⊟02売上原価			
8	原-給料手当	-840	-820	-1,660
9	02売上原価 集計	-840	-820	-1,660
10	売上総利益 集計	-840	-820	-1,660
11				
12	⊟03販管費			
13	⊟03販管費			
14	販-給料手当	-351	-352	-703
15	03販管費 集計	-351	-352	-703
16	03販管費 集計	-351	-352	-703
17				
18	営業利益 集計	-1,191	-1,172	-2,363
19	総計	-1,191	-1,172	-2,363

完成サンプル

chapter3 ▶ chapter3_3.xlsx ▶ シート「分析3」

Chapter 3-6 予算管理のための損益計算書とは

損益計算書を作成し、絞り込みで簡単な分析をしました。ここからは、損益計算書を少し作り変えて、予算管理に使えるものにします。実際にExcelを操作する前に、予算管理の考え方について解説します。

予算とは

予算とは、会社がその年度で目標とする業績数値を表すものです。また、それぞれのセクションが責任を持つべき数字を明確にする目的もあります。

● 予算の組み方

予算の組み方は過年度の実績値をベースに作成します。予算は主に売上予算と費用予算に分類できます。

継続的に発生している売上や費用については、それがそのまま発生するかを検討し、予算のベースとします。さらに新規で見込まれる売上と、発生することが予想される費用を加えて、予算が作成されます。

●「個別経費」と「共通経費」

予算の中で「売上原価」とは別に「部門共通経費」と「全社共通経費」を設けます。「部門共通経費」と「全社共通経費」も損益計算書では「売上原価」に含まれているものですが、予算管理の視点からは分けておく必要があります。

費用予算は売上に対応して発生する仕入などの費用と、車両やコピー機のように売上には貢献するけれども、対応関係が不明確な費用があります。前者の費用を「個別経費」、後者の費用を「共通経費」といいます。共通経費は1つの部門のみでの費用なのか、複数の部門での費用なのか、全社的なものなのかを判断して分類します。

会社予算と部門予算

ここからは、仮の予算をもとに説明します。「売上300」「5%の利益」として以下の予算サンプルを作成しました。

複数の部門があり、部門ごとで費用の構成要素が異なるのであれば、部門ごとでの予算を作成します。

▼会社予算の例

	費用	収益	率
売上		300	
売上原価	-180		60.0%
個別利益		120	40.0%
部門共通経費	-40		13.3%
部門利益		80	26.7%
全社共通経費	-25		8.3%
売上総利益		55	18.3%
営業費用	-9		3.0%
管理費	-31		10.3%
営業利益		15	6.0%

▼部門予算の例（A部門）

	費用	収益	率
売上		100	
売上原価	-70		70.0%
個別利益		30	30.0%
部門共通経費	-4		4.0%
部門利益		26	26.0%
全社共通経費	-8		3.0%
売上総利益		18	18.0%
営業費	-3		3.0%
管理費	-10		10.0%
営業利益		5	5.0%

▼部門予算の例（B部門）

	費用	収益	率
売上		100	
売上原価	-60		60.0%
個別利益		40	40.0%
部門共通経費	-15		15.0%
部門利益		25	25.0%
全社共通経費	-8		8.0%
売上総利益		17	17.0%
営業費	-3		3.0%
管理費	-10		10.0%
営業利益		4	4.0%

▼部門予算の例（C部門）

	費用	収益	率
売上		100	
売上原価	-50		50.0%
個別利益		50	50.0%
部門共通経費	-21		21.0%
部門利益		29	29.0%
全社共通経費	-9		9.0%
売上総利益		20	20.0%
営業費	-3		3.0%
管理費	-11		11.0%
営業利益		6	6.0%

● 予算管理の責任者の明確化

予算により、数字に対して誰が責任を持つかが明らかになります。各担当者が各プロジェクトに負うべき数字は「個別利益」です。

部門共通経費に対しての責任はその部門の長が負い、営業費は営業部が、管理費は管理部が責任を負います。全社共通経費は複数にまたがる費用なので、それを統括する者が責任を負います。

● 費用は極力個別経費で計上する

費用はなるべく個別経費で計上するのが原則です。なぜかというと、共通経費は売上金額に応じて配賦するなど、何かしらの基準に基づいて配賦を行います。しかし、何をもってその基準とするのかは非常に難しいです。明確な基準に基づいて配賦を行わないと、各部門から不平不満が生じます。

そういった理由から、費用は個別経費で計上し、共通経費に計上されたものは配賦を行わず、その責任者が責任を負うというのが現実的です。

● 部門としての管理範囲

例に出した予算表を見ると、A部門の場合、各担当者の責任は利益率30％の確保です。ただし、部門共通経費としての4％を踏まえて、部門全体で集計したときに利益率26％を確保できればよいという判断が成り立ちます。各担当者で負うべき利益率を29％とし、部門共通経費率を3％にすることも、部門長判断ではあり得ます。

もちろん利益率を達成できても売上が目標未達の場合、全社共通経費や管理費を埋め合わせるための利益が稼げない（回収できない）ので、売上と利益率の2つを意識することが重要です。

つまり予算を確保していても、それに見合うだけの売上が達成できていないのであれば、確保した予算に見合うだけのものを捻出することはできません。

その逆もまたしかりで、予算以上の費用が発生するとしても、予算以上の売上が見込めて利益も増えるのであれば、認められてもよい費用です。

予算以上の費用について認めるか認めないかは、その費用を負担する部門の決裁者が、その時点の利益予算達成状況に基づいて判断するのが望ましいです。

予実管理において大事なことは、予算を守ることではなく、利益を出すことです。そのためにも、その部門における状況をできるだけ早く詳細に提供する必要があります。

Chapter >> 3-7 予算実績を管理する

予算管理についての考え方を学んだところで、Excelでどのように管理すればよいのか解説します。ここでは、GETPIVOTDATA関数を利用します。数式は長いですが、セルを選択するだけで自動入力されます。

● 利益率を改善するためのテコ入れ対象を探す

利益率を改善するためには、原因を見つける必要があります。ここでは「売上原価」に利益率を圧迫している要因がないか探ります。つまり、売上原価率を算出し、売上原価に無駄なものがないか調べます。

経理がすることは、何にどのくらいのコストが発生しているかの資料を提供することです。各責任者はその資料をもとに、どのような改善策を図るかを検証します。

● GETPIVOTDATA関数について
式：=GETPIVOTDATA(データフィールド,ピボットテーブルのセル,[フィールド1,アイテム1][フィールド2,アイテム2]…)

ピボットテーブル内の数字を計算するためには、GETPIVOTDATA関数を使います。この関数は、ピボットテーブルから目的の集計値を他のセルに抽出するための関数です。ピボットテーブルのレイアウト変更などで、参照セルの位置が変わった場合でも、目的の値を参照することができます。

● 通常の計算式との比較

GETPIVOTDATA関数を利用しないでも、直接セルを参照し計算をすることはできます。では、GETPIVOTDATA関数を利用した場合と利用しない場合で、どのように違いが出るかを見てみましょう。

下表のセルB2とセルB3はどちらもセルB14を参照しています。ただしセルの参照方法は、セルB2は直接参照に対して、セルB3はGETPIVOTDATA関数で参照しています。

▼直接参照とGETPIVOTDATA関数で参照した例

▼それぞれの数式を表示した例

「01売上」の左にある「+」をクリックして詳細表示をさせた場合、B2の直接参照していた方は、セルB14に参照する値がなくなってしまったため、0と表示されてしまいます。

▼直接参照は計算できなくなるが、GETPIVOTDATA関数は参照が崩れない

このように、GETPIVOTDATA関数なら、詳細項目を表示しても計算がおかしくなりません。行や列の追加は計算ミスの原因になりやすいですが、この関数を使えばミスを未然に防ぐことができます。

● 部門の個別利益率を改善する

部門の個別利益率を改善するには、プロジェクトごとの個別利益率を調べて、改善すべきプロジェクトを見つける必要があります。

ある程度の規模の会社になると多くのプロジェクトがありますが、ピボットテーブルを使えばプロジェクトごとの損益計算書も簡単に作成できます。

活用テク32 予算実績管理のための率を計算する

活用テク 32 予算実績管理のための率を計算する

ここが重要

GETPIVOTDATA関数で率を計算します。

● 利益率計算のための集計表を用意する

	A	B	C	D	E	F	G	H
1	財務分類	PL						
2								
3	単位:千円							
4			A部門	B部門	C部門	全社共通	営業部	管理部	総計
5	⊟営業利益							
6	⊟売上総利益							
7		⊟01売上	11,530	5,150	4,400	0	0	0	21,080
8		⊟02売上原価	-9,440	-4,436	-3,919	-630	0	0	-18,425
9	売上総利益 集計		2,090	714	481	-630	0	0	2,655
10		⊟03販管費	0	0	0	0	-641	-1,065	-1,706

1 サンプルデータ「chapter3_4.xlsx」のシート「利益率1」を開きます。

> **サンプルデータ**
> 📁 chapter3 ▶ 📄 chapter3_4.xlsx ▶ シート「利益率1」

ポイント

レイアウトセレクションの各ボックスは、以下のようになっています。
・「フィルター」ボックス…「財務分類」
・「列」ボックス…「部門名」
・「行」ボックス…「営業利益」「売上総利益」「個別共通」「勘定分類」「勘定科目名」
・「値」ボックス…「単位:千円」(「合計」から表記を変えています)

	A	B	C	D	E	F	G	H
1								
2								
3								
4								
5								
6								
7	財務分類	PL						
8								
9	単位:千円							
10			A部門	B部門	C部門	全社共通	営業部	管理部	総計
11	⊟営業利益							
12	⊟売上総利益							
13		⊟個別						
14		⊟01売上	11,530	5,150	4,400	0	0	0	21,080
15		⊟02売上原価	-8,966	-3,581	-3,154	0	0	0	-15,702
16	個別 集計		2,564	1,569	1,246	0	0	0	5,378
17		⊟共通	-473	-855	-765	-630	0	0	-2,723
18	売上総利益 集計		2,090	714	481	-630	0	0	2,655
19		⊟03販管費	0	0	0	0	-641	-1,065	-1,706
20	営業利益 集計		2,090	714	481	-630	-641	-1,065	949

2 シートの一番上に、6行追加します。

活用テク32 予算実績管理のための率を計算する

3-7 予算実績を管理する

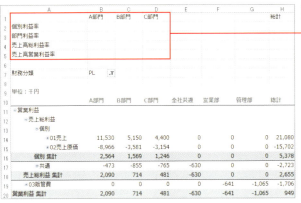

3 それぞれのセルに求める率の名称や部門名を入力します。

入力する 項目名／式	入力する セル位置
個別利益率	A2
部門利益率	A3
売上高総利益率	A4
売上高営業利益率	A5
=B10	B1
=C10	C1
=D10	D1

● 個別の利益率を求める

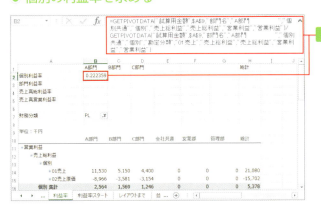

1 セルB2に＝（イコール）を入力します。そのままセルB16を選択し、／（スラッシュ）を入力して、セルB14を選択します。自動的にGETPIVOTDATA関数が入力されます。

注意 上記の式は手入力ではなく、セルを選択して入力してください。「B16/B14」とキーボード入力しても同じように思うかもしれませんが、そうしてしまうとGETPIVOTDATA関数が使えません。

103

予算実績管理のための率を計算する

ポイント

数式バーには、下記の式が入力されます。
=GETPIVOTDATA("試算用金額",$A$9,"部門名","A部門   ","個別共通","個別","売上総利益","売上総利益","営業利益","営業利益")/GETPIVOTDATA("試算用金額",$A$9,"部門名","A部門   ","個別共通","個別","勘定分類","01 売上","売上総利益","売上総利益","営業利益","営業利益")

※「A部門」の後には、スペースが空いています

ポイント

書式にあてはめてみます。GETPIVOTDATA関数の式は、**=GETPIVOTDATA(データフィールド,ピボットテーブルのセル,[フィールド1,アイテム1][フィールド2,アイテム2]…)** です。

データフィールド
→試算用金額（表記を書き換えているので『単位:千円』となっています）

ピボットテーブルのセル
→ピボットテーブルの開始位置のセル「$A$9」

[フィールド1,アイテム1] (列ラベル)
→"部門名","A部門"

[フィールド2,アイテム2] (行ラベル)
→"個別共通","個別"

[フィールド3,アイテム3] (行ラベル)
→"売上総利益","売上総利益"

[フィールド4,アイテム4] (行ラベル)
→"営業利益","営業利益"

● それぞれの率を求める

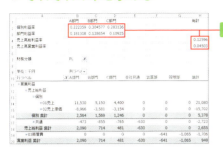

1 下表に従って率を求めます。

入力する内容	入力するセル位置
=を入力、セルB16を選択、/を入力、セルB14を選択	B2
=を入力、セルB18を選択、/を入力、セルB14を選択	B3
=を入力、セルC16を選択、/を入力、セルC14を選択	C2
=を入力、セルC18を選択、/を入力、セルC14を選択	C3
=を入力、セルD16を選択、/を入力、セルD14を選択	D2
=を入力、セルD18を選択、/を入力、セルD14を選択	D3
=を入力、セルH18を選択、/を入力、セルH14を選択	H4
=を入力、セルH20を選択、/を入力、セルH14を選択	H5

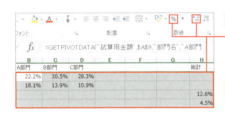

2 小数点以下の数字になるので、%に変換します。セルB2からH5の範囲を選択して、「ホーム」タブから %と をクリックします。

MEMO ショートカットキー Ctrl + Shift + % でも、%表示にできます。

3 予算実績管理のための率を計算できました。「02売上原価」の左にある「＋」をクリックして、利益率を改善できそうな項目を探しましょう。

ポイント 行に「補助科目名」「摘要」を追加すれば、さらに詳細な内容を確認できます。

完成サンプル chapter3 ▶ chapter3_4.xlsx ▶ シート「利益率2」

活用テク32 予算実績管理のための率を計算する

 ポイント

GETPIVOTDATA 関数の書き換え

項目が増えるとそれだけフィールドとアイテムの数は増え、式も長くなります。特に問題はないのですが、式が何を計算しているのかわかりにくくなります。それを避けたい場合、少し式を短くすることができます。
また式をコピーして利用する場合、関数式をそのままコピーしても利用できません。しかし、少し工夫することによってコピーした関数を利用できるようにできます。

書き換え前の式（セルB2に入力した式の前半）
=GETPIVOTDATA("試算用金額",$A$9,"部門名","A部門","個別共通","個別","売上総利益","売上総利益","営業利益","営業利益")

書き換え作業1 フィールド3,4とアイテム3,4を削ります。
=GETPIVOTDATA("試算用金額",$A$9,"部門名","A部門","個別共通","個別")

書き換え作業2 アイテム1を書き換えます。
"A部門"→B1に書き換えます。セルB1には「A部門」と入力されています。アイテム1に入る値が参照する列ラベルの値と等しい場合、GETPIVOTDATA関数は成り立ちます。

書き換え後の式
=GETPIVOTDATA("試算用金額",$A$9,"部門名",B1,"個別共通","個別")

この式をコピーしてセルC2、セルD2に貼り付けた場合も、アイテム1は自動的にC1、D1が参照されるため、それぞれの部門の個別利益が参照されます。

活用テク 33

プロジェクト別損益計算書を作成する

3-7 予算実績を管理する

ここが重要

プロジェクトが多い場合、表示件数が多くなるので、スライサーが有効です。

MEMO スライサーは、Excel 2010 以降の機能です。

1 前ページで作成したシート、またはサンプルデータを開きます。

サンプルデータ
chapter3 ▶ chapter3_4.xlsx ▶ シート「利益率2」

2 「列」ボックスの「部門名」を削除して、「プロジェクト名」を追加します。

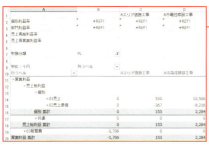

3 損益計算書が集計し直されます。

注意 列ラベルを「部門名」から「プロジェクト名」に変更したことにより、GETPIVOTDATA 関数の参照するフィールドアイテムが変わったため、エラーになります。後で修正するので、今はそのままにしておきます。

4 プロジェクトの数だけ列数ができるので、対象とする部門だけに絞ります。フィルター機能でもよいですが、ここではスライサーの機能を使います。「分析」タブをクリックし、「スライサー」→「部門名」を選択して、「OK」をクリックします。

MEMO Excel 2010 の場合は、「オプション」タブから「スライサー」をクリックします。

活用テク33 プロジェクト別損益計算書を作成する

5 「A部門」を選択すると、部門の案件だけ表示されます。個別利益率だけ確認すればいいので、3〜5行目を削除します。

6 下表に従って、エラーになった関数式を修正します。

入力する内容	入力するセル位置
=を入力、セルB13を選択、/を入力、セルB11を選択	B2
=を入力、セルC13を選択、/を入力、セルC11を選択	C2
=を入力、セルD13を選択、/を入力、セルD11を選択	D2

> **ポイント**
> 以下のように、短く書き換えできます。
> =GETPIVOTDATA("試算用金額",$A$6,"プロジェクト名",B1,"個別共通","個別")/GETPIVOTDATA("試算用金額",$A$6,"プロジェクト名",B1,"勘定分類","01売上")
>
> 書き換えた式は、コピーしてセルC2、セルD2に貼り付けて利用できます。

7 プロジェクト別の損益計算書を作成できます。

> **ポイント**
> スライサーの部門名を切り替えると、部門ごとのプロジェクトを簡単に参照できます。

完成サンプル
chapter3 ▶ chapter3_4.xlsx ▶ シート「利益率3」

Chapter 3-8 ピボットテーブルで経営分析する

ピボットテーブルを利用すれば、簡単に経営分析ができます。経営分析のピボットテーブルを作成する前に、簡単に経営分析の目標と指標について、知っておきましょう。

◉ 経営分析の目的

経営分析の目的の1つは、何を改善すればより利益を生み出せるかを考えることです。経営分析の本には、以下のようなさまざまな分析のための率が紹介されています。

- 支払能力を知る「流動比率」
- 資金力を知る「自己資本比率」
- 収益力を知る「売上高営業利益率」

● 売上高営業利益率

売上高営業利益率は、「営業利益」を「売上高」で割ったものです。売上高営業利益率が高ければ高いほど、会社に稼ぐ力があるということです。率を高めるためには、売上高を増やすか、費用を減らすかの2通りの方法があります。

これから紹介する経営分析では、率を求めると同時に、これらの数値を改善するために多角的に数値を検証していきます。

売上も費用も仕訳の金額の集まりです。費用には削減しやすいものとしにくいものがあり、それを見つけるには構成する金額をドリルダウンする(集計範囲を絞って詳細な集計を行う)のが効果的です。

> **MEMO** 営業利益は、売上高から売上原価と販管費を引いたものです。本業のもうけを示す数字として、ニュースでも頻繁に紹介されています。

Chapter 3-9 損益分岐点を把握する

経営分析では、「変動費」と「固定費」という分類で組み替えた「変動損益計算書」が利用されます。変動損益計算書の説明をする前に、経営分析の基本である損益分岐点について説明します。

損益分岐点とは

損益分岐点とは、黒字になるか赤字になるかの分岐点を意味します。つまり、売上高と費用が均衡し利益がゼロになる地点ということです。損益分岐点となる売上高を知っておくことは重要です。
損益分岐点がわかると、下記のように経営判断上の指標になります。
・赤字の場合、どれだけ売上を増やせば黒字転換できるかわかる
・業績を下方修正する場合、いくらまで売上高を下げても採算割れしないかわかる

損益分岐点を図で表すとこのようになります。

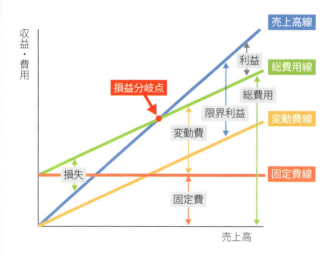

ポイント

損益分岐点は、「固定費÷限界利益率」で求められます。なお、限界利益率は、「(売上高－変動費)÷売上高」で求められます。

変動損益計算書とは

損益分岐点を損益計算書に反映して組み替えたものが「変動損益計算書」です。変動損益計算書は、売上高に比例して費用が変わる変動費部分と、売上高に比例せず一定に発生する固定費に分類して作られます。

> **MEMO** 経営分析の本によっては、営業外項目についても、変動費か固定費かに分類されていますが、本書では営業外はどちらにも含めずに説明しています。

「限界利益」と「限界利益率」

増益目標を掲げた場合、売上高の増加に伴う利益の増加が最も大きい部門を強化するのが効率的です。その指標となる数値が「限界利益」であり「限界利益率」です。

「限界利益」は売上高と比例の関係にある利益なので、売上高が増加すれば利益が増加することになります。

売上に対する変動費比率が一定である場合、「限界利益率」が高い部門の売上を伸ばせば、それだけ利益を増加させることができます。

売上高から変動費を差し引いた金額を「限界利益」といいます。なお、限界利益から固定費を引いた金額が「営業利益」になります。

活用テク 34 変動損益計算書を作成する

ここが重要
変動費と固定費で分類した損益計算書を作成することで、強化すべき部門がどこなのか把握できます。

1 サンプルデータ「chapter3_5.xlsx」のシート「変動損益1」を開きます。

> **サンプルデータ**
> chapter3 ▶ chapter3_5.xlsx ▶ シート「変動損益1」

2 「行」ボックスに「変動損益分類」を追加します。

3 「01売上」と「02変動費」を選択し、右クリックします。メニューから「グループ化」を選択します。

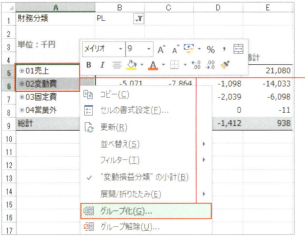

活用テク34 変動損益計算書を作成する

	A	B	C	D	E
1	財務分類	PL			
2					
3	単位：千円	列ラベル			
4	行ラベル	04月度	05月度	06月度	総計
5	⊟グループ1				
6	⊕01売上	8,130	11,225	1,725	21,080
7	⊕02変動費	-5,071	-7,864	-1,098	-14,033
8	⊕03固定費	-2,023	-2,036	-2,039	-6,098
9	⊕04営業外	-1	-10	0	-11

4 「01売上」と「02変動費」がグループ化されます。

5 同様に、「グループ1」と「03固定費」をグループ化します。

6 項目名を変更します。「グループ1」を「限界利益」に、「グループ2」を「営業利益」に書き換えます。

活用テク34 変動損益計算書を作成する

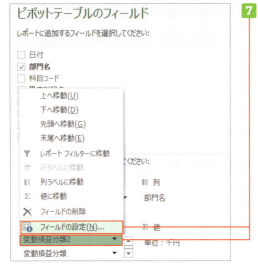

7 「行」ボックスにある「変動損益分類2」をクリックして、メニューから「フィールドの設定」を選択します。

8 「名前の指定」に「限界利益」と入力し、「小計」で「自動」を選択して、「OK」をクリックします。

活用テク34 変動損益計算書を作成する

3-9 損益分岐点を把握する

9 「変動損益分類3」の設定も変更します。「名前の指定」に「営業利益」と入力し、「小計」で「自動」を選択して、「OK」をクリックします。

10 「デザイン」タブの「小計」をクリックし、「小計をグループ末尾に表示する」を選択します。

11 小計が末尾に表示されます。変動損益計算書の完成です。

完成サンプル
chapter3 ▶ chapter3_5.xlsx
▶ シート「変動損益2」

注意① サンプルデータ（chapter3_5.xlsx のシート「変動損益1」）を編集すると、完成サンプル（シート「変動損益2」）のデータが変わります。完成サンプルを確認したい場合は、「名前を付けて保存」して、元のサンプルデータを開いてください。

115

活用テク 35 限界利益率を調べる

ここが重要

100ページで説明したGETPIVOTDATA関数を利用して、限界利益率を調べます。

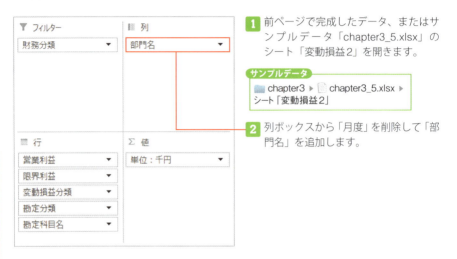

1 前ページで完成したデータ、またはサンプルデータ「chapter3_5.xlsx」のシート「変動損益2」を開きます。

> **サンプルデータ**
> chapter3 ▶ chapter3_5.xlsx ▶ シート「変動損益2」

2 列ボックスから「月度」を削除して「部門名」を追加します。

3 シートの一番上に3行挿入し、1行目は列ラベルの各部門名を参照するように、それぞれのセルを指定します。セルA2に「限界利益率」と入力します。

入力する式 B1
=B7

入力する式 C1
=C7

入力する式 D1
=D7

活用テク35 限界利益率を調べる

3-9 損益分岐点を把握する

4 セルB2を選択した状態で、=（イコール）を入力、セルB12を選択、/（スラッシュ）を入力して、セルB10を選択します。自動でGETPIVOTDATA関数が入力されます。

5 C2セルとD2セルにも同じ式を入れます。

入力する内容	入力するセル位置
=を入力、セルB12を選択、/を入力、セルB10を選択	B2
=を入力、セルC12を選択、/を入力、セルC10を選択	C2
=を入力、セルD12を選択、/を入力、セルD10を選択	D2

6 表示形式をパーセンテージに変更します。限界利益率を調べることができます。

完成サンプル
chapter3 ▶ chapter3_5.xlsx
▶ シート「限界利益」

ポイント
上記の結果から、B部門の限界利益率が一番高いのがわかります。つまり、B部門の売上高を増やすことが、最も利益の増加に貢献するということです。

Chapter 3-10 固変分解をする

前節では変動損益計算書の説明をしました。その中で出てきた「変動費」と「固定費」について、もう少し詳しく説明します。「固変分解」とは固定費と変動費を分けることですが、意外と難しい面もあります。

●「固定費」と「変動費」

● 固定費とは

売上高の増減に関係なく発生する費用です。主なものとして、人件費、労務費、地代家賃、減価償却額などがあります。販売活動や生産活動を行わなくても発生する費用です。

● 変動費とは

売上高の増減に比例して発生する費用です。主なものとして材料費、外注加工費、仕入原価などです。販売活動や生産活動を行うことで発生する費用です。

● 固定費と変動費を分ける「固変分解」

「固変分解」とは、固定費と変動費の考え方をもとに費用を分ける作業のことです。「固変分解」の方法には、主に「勘定科目法」と「最小自乗法」という2通りの方法があります。

「勘定科目法」は、勘定科目を個別に精査して振り分ける方法です。一方の「最小自乗法」は、過去の実績データを使って売上と費用の相関関係から分ける方法です。

> **ポイント**
>
> 本書では「勘定科目法」を利用して「固変分解」を行います。どの科目が「変動費」でどの科目が「固定費」なのかの振り分けは、中小企業庁のWebサイトにある「費用分解基準」を利用するとよいです。不明なものについては「固定費」にしておきましょう。
> ・中小企業庁Webサイト（費用分解基準）
>   URL http://www.chusho.meti.go.jp/bcp/contents/level_a/bcpgl_05c_4_3.html

●「固変分解」の欠点

　固変分解を実際に行ってみると、判断を迷う費目が出てくると思います。例えば、パートやアルバイトなどの時給契約の労務費は、ある程度の調整が可能という点で固定費とはいいづらいです。売上が減少すれば、それだけ残業する人が減少するという関係が成立するのであれば、時間外手当も変動費といえます。

　その他にも個別の案件に生じる費用の場合、区分が異なります。派遣の案件にかかる労務費を考えてみましょう。派遣会社は契約した社員に支払う労務費に、マージンを乗せた金額で派遣先の会社に請求します。売上が増えれば労務費も増加しますし、売上が減れば労務費も減少します。区分的には変動費です。

　他にも長期的に見るか短期的に見るかでも異なりますし、立場によっても異なるという困った点があります。変動損益計算書にはそういった点があることを認識した上での利用が必要です。

●「個別固定費」と「共通固定費」

　「固変分解」には不十分な点があると書きました。そこで「個別経費」か「共通経費」かの区分が使えます。予算管理の説明の中で「個別経費」と「共通経費」について触れましたが、再度その有用性について書いておきたいと思います。

●「地代家賃」は「個別経費」か「共通経費」か？

　「地代家賃」は1つのフロアに複数の部門が入っている場合、面積割などの計算で発生費用を分けて配賦します。このような形で発生する費用を「共通費用」といいます。

　ただし、例えばビル建設のプロジェクトがあった場合、そのビルの建設中に利用する事務所を借りて発生した「地代家賃」は扱いが異なります。ビルが完成したら解約する前提で借りているなら、その費用は「個別費用」です。

　このように、共通利用で発生する費用なのか、個別利用で発生する費用なのかで、その費用に対して誰が責任を負うかを明確にできます。

Chapter 3-11 給与や経費の支払い漏れをチェックする

支払い漏れのミスは、経理担当者にとって怖いものです。しかし、ピボットテーブルを使えばミスの可能性を減らすことができます。ここでは具体的に給与と経費の支払い漏れをしないための方法を解説します。

● ピボットテーブルで支払い漏れを確認できる

　給与支払や経費支払を漏らしたら大変です。また支払金額を間違ってしまっても問題になってしまいます。そこで、ピボットテーブルを利用した簡単なチェック方法を紹介しましょう。支払いの漏れは前月と比較して抜けがないかを確認する方法が効果的です。

● 不自然な項目を探しやすい

　ピボットテーブルにはセルの値を元に、色やアイコンを表示させ、前月や他の項目と比べて視覚的におかしなものを把握できる条件付き書式というものがあります。また、行集計や列集計、指定の基準値などに対するさまざまな比率を計算することができます。それらを利用することで、効果的な数値のチェックができるのです。

▼条件付き書式の例①
（前月に比べて金額が大きい）

▼条件付き書式の例②
（前月はあるのに今月は費用が出ていない）

活用テク 36 ピボットテーブルで支払／計上漏れをチェックする

ここが重要

前月や他の支払先と金額を比べて、おかしな点がないかチェックします。

● 給与支払漏れをチェックする

1 サンプルデータ「chapter3_6.xlsx」のシート「給与1」を開きます。

サンプルデータ
chapter3 ▶ chapter3_6.xlsx ▶ シート「給与1」

2 ピボットテーブルを作成します。「挿入」タブの「おすすめピボットテーブル」をクリックします。

MEMO Excel 2010 以前には、「おすすめピボットテーブル」がありません。新規ピボットテーブルを作成して、レイアウトセレクションに下記を追加してください。
・「列」ボックス…「支給月日」
・「行」ボックス…「氏名」
・「値」ボックス…「総支給金額」

3 行ラベルに「氏名」、列ラベルに「支給月日」、値に「総支給金額」が表示されているものを選択して、「OK」をクリックします。

4 ピボットテーブルが作成されます。

活用テク36 ピボットテーブルで支払／計上漏れをチェックする

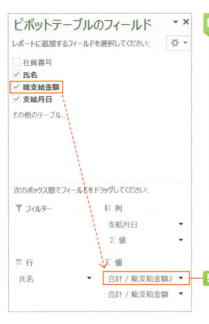

MEMO 「値」ボックスの「合計／総支給額」の「フィールドの設定」で数値を桁区切りにしています。

5 前月と比較して支給額の増減を確認してみましょう。「値」ボックスに「総支給金額」を追加します。

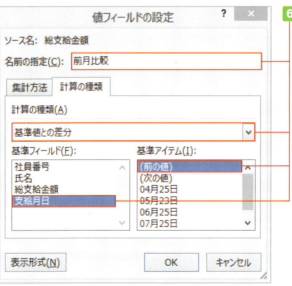

6 値フィールドの設定を変更します。
- 「名前の指定」→「前月比較」と入力
- 「計算の種類」→「基準値との差分」を選択
- 「基準フィールド」→「支給月日」を選択
- 「基準アイテム」→「(前の値)」を選択
- 「表示形式」→「数値」を選択→「桁区切り (,) を使用する」を選択

活用テク36 ピボットテーブルで支払/計上漏れをチェックする

7 「総支給額」の右に「前月比較」という列が表示されます。E列に表示される数字は、B列からD列を引いた値が表示されます。

8 前月比較に「条件付き書式」を設定します。行ラベルのどこでもよいので、「前月比較」にマウスをあてるとマウスのアイコンが↓に変わります。クリックすると「前月比較」の列が一括選択されます。

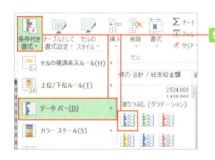

9 「ホーム」タブをクリックし、「条件付き書式」を選択します。「データバー」で任意の「塗りつぶし」(ここでは左上の塗りつぶし)を選択します。

10 前月と比較して、減額の場合バーが「赤」、増額の場合バーが「青」になります。バーの長さが長いほど前月金額と乖離があるので、その人をチェックするのが効果的です。

完成サンプル
chapter3 ▶ chapter3_6.xlsx ▶ シート「給与2」

活用テク 36 ピボットテーブルで支払／計上漏れをチェックする

● 経費の支払・計上漏れをチェックする

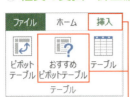

1 サンプルデータ「chapter3_7.xlsx」のシート「経費1」を開きます。

サンプルデータ
📁 chapter3 ▶ 📄 chapter3_7.xlsx ▶ シート「経費1」

2 ピボットテーブルを作成します。「挿入」タブの「おすすめピボットテーブル」をクリックします。

3 行ラベルに「勘定科目名」、値ラベルに「支払金額」が選択されているものを選択して、「OK」をクリックします。

MEMO 📖 Excel 2010/2007の場合は、新規ピボットテーブルを作成し、レイアウトセレクションに下記を追加してください。
・「行」ボックス…「勘定科目名」
・「値」ボックス…「金額」

4 ピボットテーブルが作成されます。

活用テク36 ピボットテーブルで支払／計上漏れをチェックする

3-11 給与や経費の支払い漏れをチェックする

5 「列」ボックスに「支払予定日」、「行」ボックスに「支払先名」を追加します。

6 「支払先名」のフィールド設定をします。「小計」は「なし」、「レイアウトと印刷」は「コンパクト形式」を選択します。

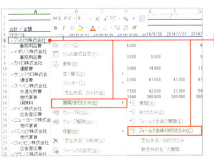

7 見やすいように折りたたみます。支払先の列を選択した状態で右クリックしてメニューを開き、「展開/折りたたみ」→「フィールド全体の折りたたみ」を選択します。

8 表示がコンパクトになります。

活用テク36 ピボットテーブルで支払／計上漏れをチェックする

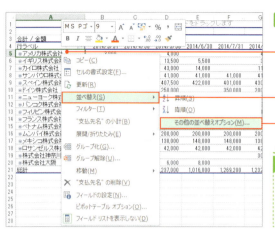

9 支払先ごとの支払累計額が多い順で並べ替えます。支払先の列を選択した状態で右クリックしてメニューを開き、「並べ替え」から「その他の並べ替えオプション」を選択します。

> **ポイント**
> 支払累計額が多い会社は、毎月支払がある傾向にあるので、参考になります。

10 「並べ替え（支払先名）」ダイアログボックスが開きます。「降順」と「合計／金額」を選択し、「OK」をクリックします。

11 支払先ごとの支払累計額が多い順で並びます。気になる支払先がある場合、会社名の左にある「+」をクリックすると内訳が「勘定科目名」に表示されます。

完成サンプル
chapter3 ▶ chapter3_7.xlsx ▶ シート「経費2」

Chapter 3-12 ピボットグラフなら表作成の手間が省ける

ピボットテーブルを利用したグラフのことを、「ピボットグラフ」といいます。せっかくピボットテーブルで計算表を作ったので、グラフにしてしっかり活用しましょう。

ピボットテーブルでグラフを作る

　ピボットテーブルから、ピボットグラフを作る方法を紹介します。通常、グラフを作成する場合は表から作成しますが、ピボットテーブルからもグラフを作成することができます。基本的な作成作業は通常のグラフと同じなので、普段からグラフ作成に慣れている人には簡単ですが、少し機能が異なります。

表を作成する手間が省ける

　一般的に、本や講座でExcelのグラフ作成を習う場合、すでに用意されている表から作成する形で練習します。しかし、実際の業務でグラフを作成するとき、一番手間なのはグラフの作成ではなく、表の作成です。

　表の値は、1つのデータが持っている数字ではなく、複数の数字の合計値である場合がほとんどです。であるならば、データの集計表であるピボットテーブルから表を作成する方が現実的なグラフの作成方法といえます。

活用テク37 ピボットグラフを作成する

活用テク 37 ピボットグラフを作成する

ここが重要
部門ごとの縦棒グラフを作成します。

1 サンプルデータ「chapter3_8.xlsx」のシート「グラフ1」を開きます。

サンプルデータ
chapter3 ▶ chapter3_8.xlsx ▶ シート「グラフ1」

2 財務分類は「PL」、行ラベルを「A部門、B部門、C部門」でフィルターをかけます。

3 縦棒グラフを作成します。ピボットテーブルの一部を選択した状態で、「分析」タブから「ピボットグラフ」をクリックします。

MEMO Excel 2010/2007 の場合は、「オプション」タブから「ピボットグラフ」をクリックします。

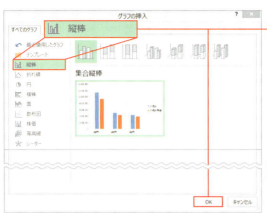

4 「グラフの挿入」のダイアログボックスが開きます。左のグラフパターンから「縦棒」を選択して、「OK」をクリックします。

MEMO Excel 2013 の場合、左図のようにグラフのレイアウトが表示されます。

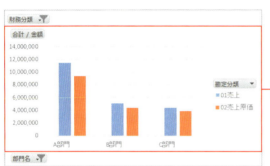

5 部門ごとの縦棒グラフが作成されます。右側のリストでは、どの縦棒が何の勘定分類を表しているかが説明されています。

ポイント

「軸（項目）」ボックスに月情報を加えることで、詳細な推移を見ることができます。

▼月情報を加えた縦棒グラフ

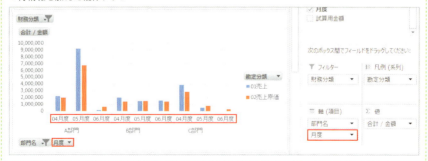

サンプルデータ
 chapter3 ▶ chapter3_8.xlsx ▶ シート「グラフ2」

活用テク 38 折れ線グラフを作成する

折れ線グラフを作成する

ここが重要

棒グラフを折れ線グラフに変更して、部門ごとの売上推移を見ます。

1 前ページで作成した棒グラフ、またはサンプルデータを開きます。

サンプルデータ
chapter3 ▶ chapter3_8.xlsx ▶ シート「グラフ2」

2 「列」ボックス(「凡例」ボックス)に「月度」を移動します。

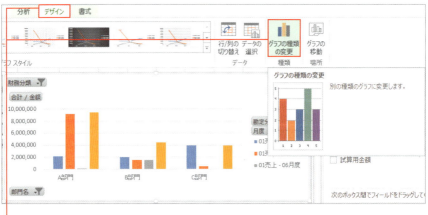

3 「デザイン」タブから「グラフの種類の変更」を選択します。

活用テク38 折れ線グラフを作成する

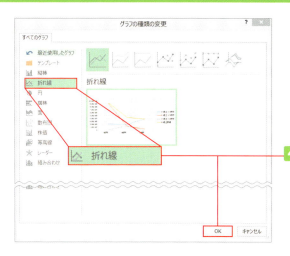

4 「グラフの種類の変更」ダイアログボックスが開くので、左側のグラフの種類から「折れ線」を選択し、「OK」をクリックします。

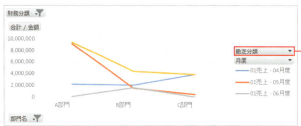

5 勘定分類から売上のみ表示するようにフィルターをかけます。グラフ右の勘定分類をクリックします。

6 フィルターの選択画面で「01売上」のみ選択し、「OK」をクリックします。

> **MEMO** Excel 2007の場合は、「分析」タブから「ピボットグラフフィルタ」をクリックします。「勘定分類」の▼をクリックすると、フィルターをかけられます。

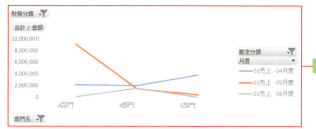

7 部門ごとの売上のみが表示されます。

活用テク38 折れ線グラフを作成する

8 行フィールドと列フィールドを入れ換えて、売上の月推移を作成します。メニュータブの「デザイン」から「行/列の切り替え」を選択します。

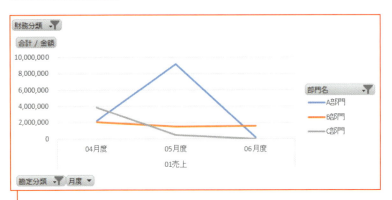

9 部門ごとの売上の月推移が表示されます。

完成サンプル
📁 chapter3 ▶ 📄 chapter3_8.xlsx ▶ シート「グラフ3」

グラフだけではなく金額も見たい場合、クイックレイアウトを利用します。メニュータブの「デザイン」から「クイックレイアウト」を選択し、「レイアウト5」にマウスのポインターを乗せると、金額を参照できます（Excel 2013のみ）。

▼クイックレイアウトを表示した例

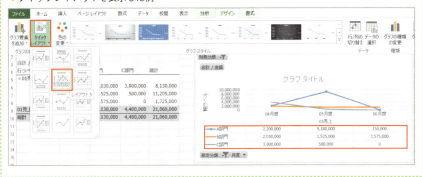

MEMO

行/列の切り替えをした際に以下のようなグラフになることがあります。

グラフを参照しているピボットテーブルが以下のようになっている場合に起こります。

「01売上」左の「+」をクリックして月度を表示させるとグラフに反映されます。

活用テク 39 ピボットテーブルから通常のグラフを作成する

ここが重要
ピボットグラフの機能では作成できないグラフを作成します。

● ピボットテーブルで作成できないグラフ

グループ化して計算された「売上総利益」や「営業利益」など、集計値だけをグラフで作成することは、ピボットグラフではできません。ピボットテーブルで作成できないグラフは、ピボットテーブルをコピーし、数値で貼り付けて通常のグラフを作成します。

1 サンプルデータを開きます。

サンプルデータ
chapter3 ▶ chapter3_8.xlsx ▶ シート「グラフ4」

2 A4からE11の範囲を選択してコピーします。

ポイント
小計が先頭に表示されるように設定しましょう。

注意 ピボットテーブル全体を選択してコピーするとグラフを作成できないので注意してください。

3 適当な場所に「数値」として貼り付けます。

MEMO「数値」として貼り付けるには、貼り付けたときに右下に表示されるアイコンをクリックし、「値」または「値と元の書式」を選択します。

4 表の一部を選択した状態で、「挿入」タブから「折れ線グラフの挿入」を選択して、表示されたテンプレートから左上のグラフを選択します。

活用テク39 ピボットテーブルから通常のグラフを作成する

3-12 ピボットグラフなら表作成の手間が省ける

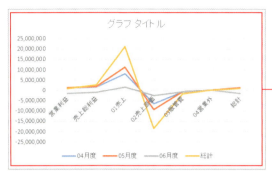

5 グラフが作成されます。この状態では余計なものがたくさん表示されているので、必要なものだけに絞り込みます。

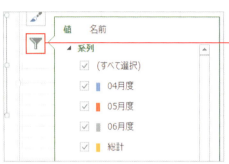

6 グラフの右側に表示されている「グラフフィルター」のアイコンをクリックします。

MEMO ここからは、Excel 2013だけの機能になります。Excel 2010/2007での操作方法は後述します。

7 「営業利益」「売上総利益」「01売上」「04月度」「05月度」「06月度」にチェックを入れて、「適用」をクリックします。

135

活用テク39 ピボットテーブルから通常のグラフを作成する

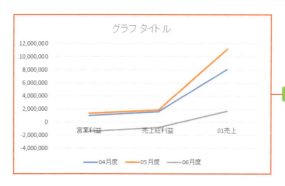

8 すっきりしたグラフになりましたが、それぞれの項目での月別差異が列で表示されていて理解しづらいので、月推移に変更します。

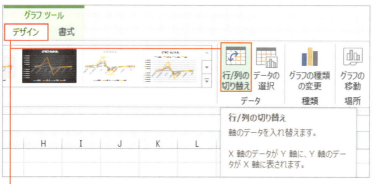

9 「デザイン」タブから「行/列の切り替え」を選択します。

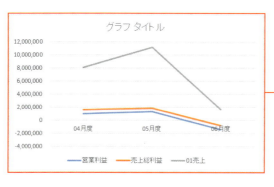

10 項目別の月推移のグラフが作成されます。

活用テク39 ピボットテーブルから通常のグラフを作成する

MEMO Excel 2010/2007の場合は、グラフの作成方法が異なります。手順1〜5までは同じですが、その後は以下のように操作してください。

[1] 「デザイン」タブから「データの選択」をクリックします。

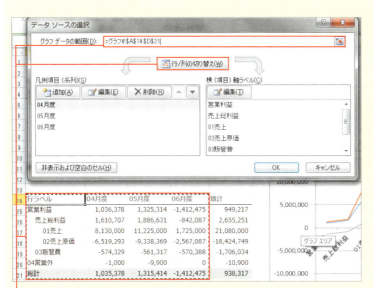

[2] 「グラフのデータ範囲」で、行ラベルから6月度の総計までを選択し、「行/列の切り替え」をクリックします。

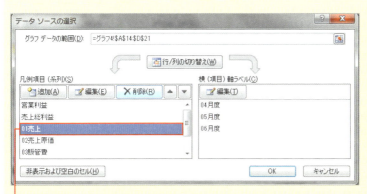

[3] 「営業利益」「売上総利益」以外の項目を選択し、削除します。これで、同様のグラフを作成できます。

活用テク 39 ピボットテーブルから通常のグラフを作成する

● 項目の順番を並べ替える

下部にある項目名の順番を並べ替える方法を解説します。横書きの書類は左側から読むので、左に重要な項目を置きましょう。

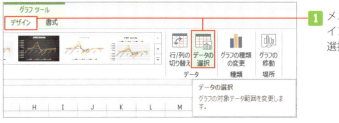

1 メニュータブの「デザイン」から「データの選択」を選択します。

2 「データソースの選択」ダイアログボックスが開きます。

3 凡例項目を並べ替えます。項目を選択した状態で右上の▲▼をクリックして移動させます。

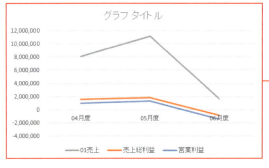

4 項目を並べ替えられます。折れ線グラフの完成です。

完成サンプル
chapter3 ▶ chapter3_8.xlsx
▶ シート「グラフ5」

第 4 章

データ作成の効率化

第4章では、異なるソフトやシステム間でのデータのやり取りについて説明し、各種データを変換する方法を紹介します。第3章で取り上げたピボットテーブルはとても便利な機能ですが、データ作成に時間をかけているのではうまく活用できているとはいえません。効率のよいデータ作成のスキルを身につけましょう。

Chapter 4-1 データの種類を理解する

集計するための元となるデータを作成するためには、データ形式についての理解が必要です。ここではインポートやエクスポートでよく利用される「CSV」について解説します。

　3章ではピボットテーブルについて解説しました。ピボットテーブルの便利な点について、理解していただけたと思います。しかし、ピボットテーブルがいかに優れていても、材料となるデータがなければ集計できません。またデータに必要な情報がなければ、欲しい集計表を作成することはできません。

　そこで4章の前半では、ソフトウェアやシステムから出力したデータの形式やファイル形式についての説明と、取得したデータをExcelに変換する方法、Excelをソフトウェアやシステムに一括入力するためのデータ変換方法を紹介します。後半では、会計ソフトから出力した仕訳データを加工して、ピボットテーブルに利用できるデータに変換する方法を解説します。

● CSVとは

　ソフトウェアやシステム間のデータ交換で最も利用されるデータの形式は「CSV」と呼ばれるものです。CSVとはどのようなデータなのか、Excelとの違いや、実務上どのように利用されるのかを説明します。

　CSVとは、Comma Separated Valuesの頭文字を取ったもので、直訳すると「カンマで分けた値」という意味になります。つまり、CSVとは「,(カンマ)」で区切られたテキスト形式のデータのことをいいます。

　先に述べたように、CSVはデータ交換で最も利用されるデータ形式です。データ交換とは、例えばAシステムからデータを出力して、Bシステムへデータを移行することです。

　次ページの図を見てわかるように、「,」で区切られている間に値が1つ入っているシンプルなデータです。そのため行数が多くなっても、Excelなどと比べてデータ容量が大きくならないというメリットがあり、データ交換に利用されている理由

の1つになっています。

また、特定のソフトウェアに依存せず、Excel、Word、テキストエディタなど、さまざまなソフトで閲覧や編集ができることも幅広く利用されている理由です。

▼CSVデータの例

● CSVとExcelの違い

Excelを利用しているパソコンの場合、CSVは自動的にExcelで開くよう設定されています。同じように操作でき、同じメニューが使えるため違いがわかりにくいですが、まったくの別ものですので違いを押さえておきましょう。

CSVをExcelで開いた場合、データの見え方にはあまり違いがありません。しかしファイル形式が異なるため、当然ながら拡張子が異なります。拡張子はタイトルバーとアイコンで確認できます。

拡張子が違ってもデータの見た目が同じで、どちらもExcelのメニューが利用できるのであれば、やはり違いがないように思えるかもしれません。次のページでは、どのような点が違うのか、実際にそれぞれのファイルを開いて確認します。

▼CSVとExcelのアイコン

● CSV＝値がカンマで区切られたテキスト

ソフトウェアやシステムからデータをカンマ区切りで出力したときに、拡張子が.txtで出力されることがよくあります。筆者も利用している会計ソフト「勘定奉行」の仕訳データも、カンマ区切りで出力した場合、.txtの拡張子で出力されます。

カンマ区切りのデータなのに、拡張子が「.csv」でなく「.txt」なのは不思議に思うかもしれません。先に書いたように、CSVとはカンマで区切られた値のことをいいます。つまり、「.csv」は「値がカンマで区切られた.txt」と等しいのです。

活用テク 40 CSVとExcelファイルの違いを比べる

ここが重要

ピボットテーブルをCSV形式で保存して、Excelとの違いを比べます。

1 サンプルデータ「chapter4_1.xlsx」を開きます。F12キーを押すと、「名前を付けて保存」ダイアログボックスが開きます。「ファイルの種類」で「CSV（カンマ区切り）」を選択し、「保存」をクリックします。

サンプルデータ
📁 chapter4 ▶ chapter4_1.xlsx

2 「CSV（カンマ区切り）と互換性のない機能が含まれている可能性があります。この形式でブックを保存しますか？」という確認メッセージが表示されるので、「はい」をクリックします。

MEMO 上記の確認メッセージは、CSVをExcelで開いて保存する際に必ず聞かれます。「はい」をクリックするとCSV形式で保存され、「いいえ」をクリックするとExcel形式で保存されます。

3 いったんファイルを閉じて、Excelで開いてみます。ピボットテーブルではなくなりシート名が変わり、もう1つのシート「元のデータ」がなくなっています。これは保存される際に選択しているシート（アクティブシート）のみがCSVとして保存され、ファイル名＝シート名となるためです。

注意 ピボットテーブルの機能だけでなく、文字装飾や罫線なども保存できません。

ポイント

CSVとは「カンマで区切られている値」ですが、Excelで開いた場合にカンマで区切られていないのはなぜでしょうか。これはCSVをExcelで開くときは、セル1つにつき値を1つ挿入するというプログラムになっているからです。この点も、Excelがデータのハブとして使えるポイントです。

活用テク 41 CSVをテキストエディタ（メモ帳）で開く

活用テク 41 CSVをテキストエディタ（メモ帳）で開く

ここが重要

テキストエディタで見た場合、CSVはどのようになっているか確認してみましょう。

1 サンプルデータ「chapter4_2.csv」を開きます。

サンプルデータ
📁 chapter4 ▶ 📄 chapter4_2.csv

2 CSVファイルにポインターを合わせて右クリックし、表示されたメニューから「プログラムから開く」→「メモ帳」を選択します。

MEMO 「プログラムから開く」に「メモ帳」がない場合は、先にメモ帳を起動して、メニューからサンプルデータを開いてください。

3 カンマで区切られているデータであることがわかります。

ポイント

CSVはどのアプリケーションで開くかで見た目が変わります。メモ帳で開けばメモ帳の見た目で開かれ、Excelで開けばExcelでの見た目になります。

Chapter >>
4-2 CSVファイルの種類を知る

システムによっては区切りがカンマ以外でなされているものもあります。この後の活用テクで紹介するCSVファイル変換時に区切り文字の選択が異なるので、理解しておく必要があります。

● CSVの種類

　主流のデータ形式はカンマで区切ったCSVですが、区切りに使われるのはカンマだけではありません。タブ、セミコロン、スペースなどで区切られている場合もあります。

▼タブ区切り

```
4"11 531"12201"A部門"4005"外注費"""362000"A0000002-00""Aエリア道路工事"
5"11 531"12201"A部門"4005"外注費"""60000"A0000001-00""A地区電線保守工事"
6"11 531"12201"A部門"4005"外注費"""60000"A0000003-00""A市電柱移設工事"
7"11 531"12201"A部門"4005"外注費"""221000"A0000003-00""A市電柱移設工事"
8"11 531"12201"A部門"4005"外注費"""3335000"A0000003-00""A市電柱移設工事"
9"11 531"12201"A部門"4005"外注費"""1909000"A0000003-00""A市電柱移設工事"
10"11 531"12203"C部門"4005"外注費"""200000"C0000002-00""Cシステム販売"
```

▼セミコロン区切り

```
4;"11 531";12;201;"A部門";4005;"外注費";;"";362000;"A0000002-00";"Aエリア道路工事";
5;"11 531";12;201;"A部門";4005;"外注費";;"";60000;"A0000001-00";"A地区電線保守工事";
6;"11 531";12;201;"A部門";4005;"外注費";;"";60000;"A0000003-00";"A市電柱移設工事";G
7;"11 531";12;201;"A部門";4005;"外注費";;"";221000;"A0000003-00";"A市電柱移設工事";
8;"11 531";12;201;"A部門";4005;"外注費";;"";3335000;"A0000003-00";"A市電柱移設工事";
9;"11 531";12;201;"A部門";4005;"外注費";;"";1909000;"A0000003-00";"A市電柱移設工事";
10;"11 531";12;203;"C部門";4005;"外注費";;"";200000;"C0000002-00";"Cシステム販売";G
```

▼スペース区切り

```
4 "11 531" 12 201 "A部門" 4005 "外注費"  "" 362000 "A0000002-00" "Aエリア道路工事"
5 "11 531" 12 201 "A部門" 4005 "外注費"  "" 60000 "A0000001-00" "A地区電線保守工事"
6 "11 531" 12 201 "A部門" 4005 "外注費"  "" 60000 "A0000003-00" "A市電柱移設工事" "G
7 "11 531" 12 201 "A部門" 4005 "外注費"  "" 221000 "A0000003-00" "A市電柱移設工事"
8 "11 531" 12 201 "A部門" 4005 "外注費"  "" 3335000 "A0000003-00" "A市電柱移設工事"
9 "11 531" 12 201 "A部門" 4005 "外注費"  "" 1909000 "A0000003-00" "A市電柱移設工事"
10 "11 531" 12 203 "C部門" 4005 "外注費"  "" 200000 "C0000002-00" "Cシステム販売" "G
```

全銀データ

カンマやタブで区切るのではなく、フィールドの長さで区切っているデータもあります。このような形式を「固定長」といいます。経理で最も利用するものだと、「全銀データ」と呼ばれる銀行振込で利用するデータがそれにあたります。

全銀データは明確な規格が定められており、「データの幅は120バイトですべて半角」であることと、下記の4つのレコードからなるデータである必要があります。

- ヘッダレコード…振込利用銀行情報、振込者情報など
- データレコード…振込金額、振込先金融機関情報
- トレーラーレコード…振込合計金額、振込合計件数
- エンドレコード…データの終わりを意味する情報

ヘッダレコードの中身を簡単に説明すると、1バイト目はレコードの種別、2バイト目から2バイト分は総合振込や給与振込を区別する業種種別といった具合です。

データにはさまざまな形式があるので、Excelで利用する場合には、データ形式がどのようになっているか確認する必要があります。

▼全銀データ

Chapter 4-3 実務におけるデータ交換とは

データ交換について、もう少し掘り下げて説明します。先に紹介したように、「データ交換」とは、異なるシステム間でデータをやり取りすることです。実例を挙げながら解説していきます。

実務で行うデータ交換のケース

普段の業務でデータ交換をしている例を紹介しましょう。主に想定されるのは以下のような業務です。

- 基幹システムから売上データのCSVをエクスポートして、会計システムにインポートする
- 基幹システムから取引先データのCSVをエクスポートして、会計システムにインポートする
- 基幹システムからプロジェクトデータのCSVをエクスポートして、ASP経費精算システムにインポートする
- 会計ソフトから伝票データのCSVをエクスポートしてExcelに変換し、ピボットテーブルで集計表を作成する
- ASP経費精算システムから精算データのCSVをエクスポートして、会計ソフトにインポートする

本書では上記のように、あるシステムのデータを別のシステムに渡すことを「データ交換」と呼びます。より具体的に流れを見ていきましょう。

エクスポートとは

あるシステム（以下Bシステム）内のデータやファイルを外部に出力することです。Bシステム内の形式そのままに出力するだけでなく、インポートされる別のシステム（以下Aシステム）に適合したデータ形式に変換してエクスポートできるシステムもあります。

▼エクスポートのイメージ

インポートとは

　あるシステム（Aシステム）に、異なるシステム（Bシステム）から作成した異なる形式のデータを読み込むことです。読み込まれたファイルは「移動」ではなく「コピー」されるので、そのまま残ります。つまり、デスクトップ上に置いてあるファイルをインポートしても、デスクトップ上にファイルは残ったままになります。

　通常、異なるシステム間でのデータ形式は異なっているため、データ変換（コンバート）する必要があります。ただしBシステムがAシステムに対応する形式でのデータを作成することが可能なケースも多くなっています。例えば、経費精算システムの「楽楽精算」は、仕訳データをエクスポートする際に「勘定奉行データ形式」や「弥生会計データ形式」などを選択できるようになっています。どのデータ形式でのデータ作成が可能なのかも、システムの売りとなっているといえます。

　インポートすると、カンマで区切られた項目がデータベース（システム）のテーブルの各フィールドに入ります。

▼インポートのイメージ

インポートする際の注意点

インポートを行う場合、データを受け入れるシステム側のテーブル構造がどうなっているかを確認する必要があります。テーブル構造に則っていないデータをインポートした場合、さまざまなエラーが生じます。以下に、エラーになる主なケースや注意点を紹介します。

● 指定書式と異なる書式になっている

半角指定のところが全角になっている場合や、数値指定のところに文字列を取り込んだ場合はエラーになります。

● データ桁数が規定桁数を超えている

「1列は5文字以内」と規定されているにもかかわらず「ボールペン代」のように6文字になっている場合はエラーになります。

● データ行数が規定行数を超えている

一度に取り込めるデータ行が200行以内であるのに、250行のデータをインポートしたような場合はエラーになります。

● 必須項目が空でデータが作成されている

勘定科目が必須であるにもかかわらず、データが空欄になっているような場合はエラーになります。

● 一意項目に同じデータが利用されている

データベースのテーブルの一意制限設定（複数の項目に同じ内容が入るのを禁止すること）をしているフィールドに同じデータをインポートした場合エラーになります。

● データ開始を示す文字が必要

例えば「勘定奉行」の場合、仕訳データの先頭には「*」が必要で、ない場合はエラーになります。

● 項目区切りが誤っている

区切りには「カンマ区切り」や「タブ区切り」などがありますが、それ以外の形式もあります。インポートするデータ形式が適合している必要があります。

● ダブルクォーテーション（"）や区切り文字が利用されている場合

「"通信料"」と括られている場合、「"」は除いてインポートされます。「""」と2つ連続している場合は、1つにまとめられます。「",」のように区切文字が連続している場合は、インポートされません。

> **MEMO** インポートデータを作成する際、データを受け入れるシステムのマニュアルにデータ形式の仕様が記載されているので、それに従って作成してください。

活用テク 42 ExcelをCSVに変換する

活用テク 42 ExcelをCSVに変換する

ここが重要

形式をExcel→CSV→Excelに変更して、データ変換を理解しましょう。

1. サンプルデータを開きます。

サンプルデータ
📁 chapter4 ▶
📄 chapter4_3.xlsx

2. F12キーを押すと、「名前を付けて保存」ダイアログボックスが開きます。「ファイルの種類」で「CSV（カンマ区切り）」を選択して、「保存」をクリックします。

3. 確認のウィンドウが表示されるので、「はい」をクリックすると、CSV形式で保存できます。

完成サンプル
📁 chapter4 ▶ 📄 chapter4_4.csv

活用テク 43 CSVになっているか確認する

活用テク 43 CSVになっているか確認する

ここが重要

ExcelファイルがデータできXできる形になっているか確認します。

1 前ページで保存したCSVファイル、またはサンプルデータ「chapter4_4.csv」のアイコンにポインターを合わせて右クリックし、「プログラムから開く」から「メモ帳」を選択します。

サンプルデータ
📁 chapter4 ▶
📄 chapter4_4.csv

2 カンマで区切られたデータであることがわかります。

注意 ① 複数シートがあるExcelをCSVに保存しようとすると、以下のメッセージが表示されます。Excelは複数のシートを持てますが、CSVの場合、表示されているシート(アクティブシート)のみがCSVとして保存され、別シートは保存されず削除されます。

▼表示されているシート以外は削除される

活用テク 44 CSVをExcelに変換する方法① Excelに貼り付ける

活用テク 44
CSVをExcelに変換する方法①
Excelに貼り付ける

ここが重要

この方法を使うと、CSVをExcelで直接開いた場合に、文字列が数字に変換されてしまうのを防ぐことができます。

1 150ページで保存したCSVファイル、またはサンプルデータ「chapter4_4.csv」を「メモ帳」で開きます。ファイルのアイコンを右クリックして、メニューの「プログラムから開く」を選択し、「メモ帳」を選択します。

サンプルデータ
📁 chapter4 ▶ 📄 chapter4_4.csv

2 データをコピーまたは切り取ります。

MEMO 📖 ショートカットキー [Ctrl]+[A] ですべてのデータを選択できます。

3 新規Excelシートを開き、A1セルに貼り付けます。ただ貼り付けただけでは、A列のセルにカンマで区切られたCSVがそのまま貼り付けられた状態です。

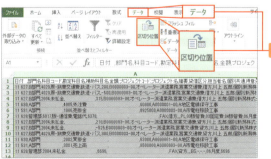

4 A列を選択した状態で、「データ」タブをクリックし、「区切り位置」をクリックします。

活用テク44 CSVをExcelに変換する方法① Excelに貼り付ける

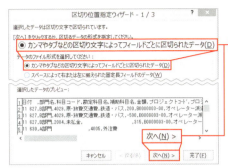

5 「カンマやタブなどの区切り文字によってフィールドごとに区切られたデータ」を選択して、「次へ」をクリックします。

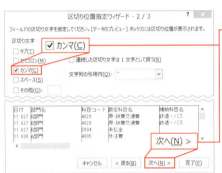

6 フィールドの区切り文字を指定します。「区切り文字」から、CSVの区切り形式に合った項目（ここでは「カンマ」）にチェックを入れます。「次へ」をクリックします。

> **ポイント**
> 「データのプレビュー」にカンマで区切られていた部分に区切り線が表示されます。

7 区切った後の列のデータ形式を選択します。ここでは「G/標準」のまま変更せずに「完了」をクリックします。

> **ポイント**
> 「G/標準」を選択していると、数字は数値に、日付は日付形式の値に、その他の値は文字列に変換されます。

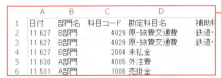

8 CSVがExcelに変換されます。

> **ポイント**
> サンプルデータ「chapter4_3.xlsx」と同じデータができあがります。

活用テク45 CSVをExcelに変換する方法② 「外部データの取り込み」を利用する

活用テク 45
CSVをExcelに変換する方法②「外部データの取り込み」を利用する

ここが重要

貼り付けだけでなく、取り込みも覚えておけば、状況に応じて作業を選択できるので便利です。

1 新規のExcelファイルを開き、「データ」タブをクリックし、「テキストファイル」をクリックします。

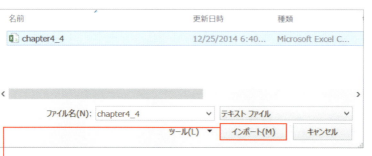

2 ダイアログボックスが開くので、取り込むCSVファイル（ここではサンプルデータ「chapter4_4.csv」）を選択し、「インポート」をクリックします。

サンプルデータ
📁 chapter4 ▶ 📄 chapter4_4.csv

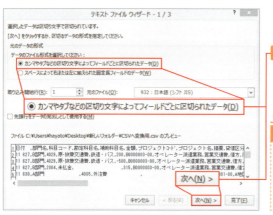

3 「カンマやタブなどの区切り文字によってフィールドごとに区切られたデータ」を選択し、「次へ」をクリックします。

ポイント

取り込むファイルの先頭に不要な行がある場合、「取り込み開始行」に取り込みたい行数を設定します。

活用テク 45 CSVをExcelに変換する方法② 「外部データの取り込み」を利用する

4 「区切り文字」から、CSVの区切り形式に合った項目（ここでは「カンマ」）にチェックを入れ、「次へ」をクリックします。

5 区切った後の列のデータ形式を選択します。ここでは「G/標準」のまま変更せずに「完了」をクリックします。

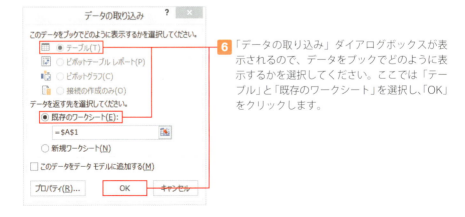

6 「データの取り込み」ダイアログボックスが表示されるので、データをブックでどのように表示するかを選択してください。ここでは「テーブル」と「既存のワークシート」を選択し、「OK」をクリックします。

活用テク45 CSVをExcelに変換する方法② 「外部データの取り込み」を利用する

> **MEMO** Excel 2010 / 2007 の場合
> Excel 2010 / 2007 では、ブックでの表示形式を選択できず、自動的に「テーブル」の形式で表示されます。
>
> ▼ Excel 2010 / 2007 の「データの取り込み」ダイアログボックス

 CSV が Excel に変換されます。

> **ポイント**
> この手順でも、サンプルデータ「chapter4_3.xlsx」と同じデータができあがります。

活用テク 46 テキスト（固定長）を Excel に変換する

ここが重要

経理で使用頻度の高い、全銀データを Excel 形式に変換します。

1. 新規の Excel ファイルを開きます。
2. 「データ」タブをクリックし、「テキストファイル」をクリックします。

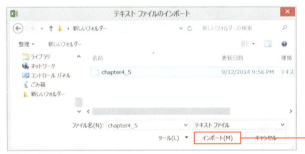

サンプルデータ
- chapter4 ▶
- chapter4_5.txt

3. サンプルデータを取り込みます。「chapter4_5.txt」を選択し、「インポート」をクリックします。

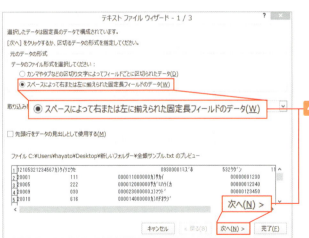

4. データのファイル形式を選択する画面が開きます。「スペースによって右または左に揃えられた固定長フィールドのデータ」を選択し、「次へ」をクリックします。

注意① 取り込み開始行は「1」のままにします。また、「先頭行をデータの見出しとして使用する」にチェックを入れないでください（Excel 2013 のみ）。

活用テク 46 テキスト(固定長)をExcelに変換する

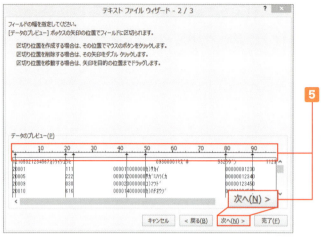

5 フィールドの幅を指定します。「データのプレビュー」ボックスの矢印の位置でフィールドに区切られるので、矢印を移動させて区切り位置を変更します。区切り位置を確定したら「次へ」をクリックします。

MEMO ここでは、下図のように区切り位置を設定しています。

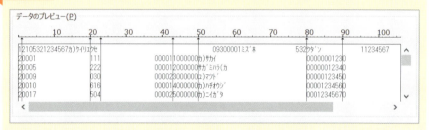

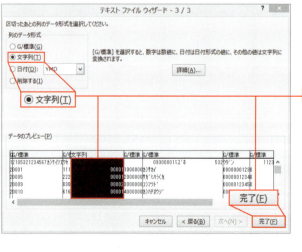

6 区切った列のデータ形式を決めます。変更したい場合は、列を選択し(黒く反転)、変更したいデータ形式を選択します(ここでは4列目を文字列に変更しています)。設定が済んだら「完了」をクリックします。

活用テク46 テキスト（固定長）をExcelに変換する

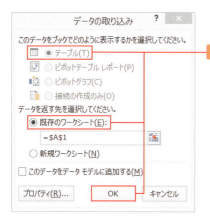

7 表示方法と表示場所を設定します。表示方法は「テーブル」を選択し、データを返す先は「既存のワークシート」を選択して、「OK」をクリックします。

8 アクティブシートのA1セルを開始位置としてExcelに変換できます。

> **注意** D列はデータ形式で「文字列」の指定をしたので頭に0000が残っていますが、それ以外の列は「G/標準」のため、数字であった列は数字の頭についている0が取り除かれています。

完成サンプル

chapter4 ▶ chapter4_6.xlsx

Chapter 4-4 仕訳データを並べ替える

扱いやすい仕訳データを持つことは、業務効率化の大きなポイントです。どのようなデータなら利用しやすいのか、例を示しながら解説します。「並べ替え」についての考え方を身につければ、さまざまなデータに対応できます。

○ どのように仕訳データを並べ替えるか

● 並べ替えの考え方①

会計ソフトから出力した仕訳データの並べ替えについて考えてみます。並べ替えを行う前に、そもそも仕訳のデータはどのような形になっているかを再確認しましょう。

仕訳とは、「取引を資産・負債・純資産・収益・費用の増減に従い取引の金額を左右に区分して記録する」ことをいいます。例えば、「電話代1,000円を現金で支払った」という取引があった場合、仕訳は次の通りです。

▼仕訳データの例

借方勘定科目	借方金額	貸方勘定科目	貸方金額
通信費	1,000	現金	1,000

ただし、このデータの形では、ピボットテーブルで集計するには向きません。そこで科目列と金額列をそれぞれ1列にまとめ、貸借区分を別列に設けた形に並べ替えます。これが伝票データを並べ替えする際の基本的な考え方です。

▼並べ替えた例

勘定科目	金額	貸借区分
通信費	1,000	借方
現金	1,000	貸方

●並べ替えの考え方②

もう1つ例を出します。下図のような項目があった場合、どうすれば使いやすいデータになるでしょうか。下図では項目名のみを挙げていますが、実際はそれぞれ名称や金額が入っていると考えてください。

▼仕訳データの例

日付	借方部門名	科目コード	借方総勘定科目名	借方補助科目名	借方金額	貸方部門名	科目コード	貸方総勘定科目名	貸方補助科目名	貸方金額	プロジェクトコード	プロジェクト名	摘要

説明のために各項目の定義を以下とします。

- 借方項目…名前に「借方」と入っているもの
- 貸方項目…名前に「貸方」と入っているもの
- 共通項目…「借方項目」「貸方項目」の両方に関係するもの

まず、「借方項目」「貸方項目」の科目列と金額列をそれぞれ1列にまとめ、「共通項目」は両方につけます。

▼仕訳データをまとめた例

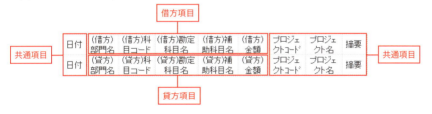

次に、貸借区分の列を追加します。下図のような形で並べ替えた仕訳データは、ピボットテーブルで集計しやすいデータとなります。

▼集計しやすいデータの例

貸借区分の列を追加

Chapter >> 4-5

仕訳データの並べ替えを自動化して手間を省く

ピボットテーブルを利用していなくても、Excelシートの項目を並べ替えて整理する作業を日常的に行っている人は多いと思います。そのような作業を自動化できる方法について解説します。

1回のコピー＆ペーストで整理されたデータができあがる

前項で解説した、集計に適したデータを作るには、会計ソフトからエクスポートした仕訳データを並べ替える必要があります。仕訳データを何度もコピー＆ペーストし、並べ替えの作業を行えば、目的のデータを作成できます。

しかし、データを作成するたびに、それらの作業をするのは大変面倒です。そこで、一度作成したファイルを開くだけで、仕訳データが自動的に取り込まれ、自動更新されるようなExcelシートを作成します。

イメージをつかみやすいように、先に例を挙げます。操作手順については後述しますが、下図のように、シート「伝票」に会計ソフトからエクスポートした仕訳データを貼り付ければ、自動的に別のシート「並べ替え」に必要なデータが作成されるような仕組みをExcelで作ることができます。

▼シート「伝票」に仕訳データを貼り付ける

	1	2	3	4	5	6	7	8	9	10	11	12	13	14
1	日付	借方部門名	総勘コード	借方総勘定科目名	借方補助科目名	借方金額	貸方部門名	総勘コード	貸方総勘定科目名	貸方補助科目名	貸方金額	プロジェクトコード	プロジェクト名	摘要
2	11 627	B部門	4029	原-旅費交通費	鉄道・バス	200	B部門	2004	未払金		210	B0000003-00	オペレーター派遣業務	営業交通費
3	11 627	B部門	4029	原-旅費交通費	鉄道・バス	-500	B部門	2004	未払金		-525	B0000003-00	オペレーター派遣業務	営業交通費
4	11 627	B部門	2004	未払金		315	B部門	4029	原-旅費交通費	鉄道・バス	300	B0000003-00	オペレーター派遣業務	営業交通費
5	11 630	A部門	4005	外注費		60000	A部門	2002	買掛金		63000	A0000001-00	A地区電線保守工事	伝票No:3021
6	11 531	A部門	1006	売掛金		8925000	A部門	3001	売上高		8500000	A0000003-00	A市電柱移設工事	伝票No:1014
7	11 628	管理部	5017	販-通信費	電話代	6378	管理部	2004	未払金		6696			FAX

伝票 | 並べ替え | プロジェクトマスター | 勘定科目

▼シート「並べ替え」に自動的に整理されたデータができあがる

	1	2	3	4	5	6	7	8	9	10
1	日付	部門名	科目コード	勘定科目名	補助科目名	金額	プロジェクトコード	プロジェクト名	摘要	貸借区分
2	11 627	B部門	4029	原-旅費交通費	鉄道・バス	200	B0000003-00	オペレーター派遣業務	営業交通費	借方
3	11 627	B部門	4029	原-旅費交通費	鉄道・バス	-500	B0000003-00	オペレーター派遣業務	営業交通費	借方
4	11 627	B部門	2004	未払金		315	B0000003-00	オペレーター派遣業務	営業交通費	借方
5	11 630	A部門	4005	外注費		60000	A0000001-00	A地区電線保守工事	伝票No:3021	借方
6	11 531	A部門	1006	売掛金		8925000	A0000003-00	A市電柱移設工事	伝票No:1014	借方
7	11 628	管理部	5017	販-通信費	電話代	6378			FAX	借方
8	11 627	B部門	2004	未払金		210	B0000003-00	オペレーター派遣業務	営業交通費	貸方
9	11 627	B部門	2004	未払金		-525	B0000003-00	オペレーター派遣業務	営業交通費	貸方
10	11 627	B部門	4029	原-旅費交通費	鉄道・バス	300	B0000003-00	オペレーター派遣業務	営業交通費	貸方
11	11 630	A部門	2002	買掛金	鉄道・バス	63000	A0000001-00	A地区電線保守工事	伝票No:3021	貸方
12	11 531	A部門	3001	売上高		8500000	A0000003-00	A市電柱移設工事	伝票No:1014	貸方
13	11 628	管理部	2004	未払金		6696			FAX	貸方

伝票 | 並べ替え | プロジェクトマスター | 勘定科目

● 関数を活用する

　説明では理解しやすいように見出し行を含めて7行の仕訳データを利用します。仕訳データを自動的に並べ替えるためには、いくつかの関数を組み合わせて使います。シート「並べ替え」に関数を入力することにより、シート「伝票」からデータを抜き出して並べ替えを行います。

　それぞれの列に入力する関数式は次の通りです。関数に慣れていない人は複雑に感じるかもしれませんが、1つ1つ見ていけば、さほど難しくはありません。

● 1列目（日付）
=IF(ROW()<=COUNTA(伝票!C1),(伝票!RC),(INDIRECT("伝票!R"&ROW()−COUNTA(伝票!C1)+1&"C",FALSE())))

● 2〜6列目（部門名、総勘コード、勘定科目名、補助科目名、金額）
=IF(ROW()<=COUNTA(伝票!C1),(伝票!RC),(INDIRECT("伝票!R"&ROW()−COUNTA(伝票!C1)+1&"C"&COLUMN()+5,FALSE())))

● 7〜9列目（プロジェクトコード、プロジェクト名、摘要）
=IF(ROW()<=COUNTA(伝票!C1),(伝票!RC[5]),(INDIRECT("伝票!R"&ROW()−COUNTA(伝票!C1)+1&"C"&COLUMN()+5,FALSE())))

● 10列目（貸借区分）
=IF(ROW()<=COUNTA(伝票!C1),"借方","貸方")

　以降で、それぞれに使われている関数を解説して、その後に実際に入力されている式の働きを解説します。

● IF関数について

　IF関数は2章で紹介しましたが、再度簡単に説明をしておくと、式は「=IF(論理式,真,偽)」で、条件に合う場合は「真」、条件に合わない場合は「偽」を返すという関数です。

◯ COUNTA関数について

式：=COUNTA(値1,値2…)

　範囲内の「空白でないセル」の数を求める関数です。名簿に登録されている人数などを調べるときにも便利です。

> **注意** 似たものに COUNT 関数がありますが、COUNTA 関数と違い、数字の入ったセルしかカウントできません。混同しないようにしましょう。

◯ ROW関数について

式：=ROW(参照)

　指定したセルやアクティブセルの行番号を返す関数で、「ROW」は「行」という意味です。例として、適当なセルを選んで「=ROW()」と入力してみます。下図では黄色のセルに入力しました。

▼ROW関数を入力した例

　この場合、「=ROW()」の式が入力されているセルの行数が挿入されます。他の同じ行のセルに「=ROW()」を入力した場合も同じように「2」が挿入されます（下図）。

▼同じ行に「=ROW()」を入力した例

● COLUMN関数について

式：=COLUMN(参照)

　指定したセルやアクティブセルの列番号を返す関数で、「COLUMN」は「列」という意味です。ここでも適当なセルを選んで「=COLUMN()」と入力してみます。下図では黄色のセルに入力しました。

▼COLUMN関数を入力した例

入力する式 C2
=COLUMN()

　この場合、「=COLUMN()」の式が入力されているセルの列数が挿入されます。他の同じ列のセルに「=COLUMN()」と書いた場合も同じように「3」が挿入されます（下図）。

▼同じ列に「=COLUMN()」を入力した例

● INDIRECT関数について

式：=INDIRECT(参照文字列,参照形式)

● 文字列を参照して数式に利用できる

　文字列をセル参照に変換して、数式として利用できるようにします。C, D, E列の数式で使われているINDIRECT関数をわかりやすい例で解説します。下図を見てください。

▼シートの例

	1	2	3	4	5
1					
2		青森	群馬	新潟	静岡
3		岩手	茨城	富山	愛知
4		秋田	栃木	石川	三重
5		宮城	埼玉	福井	岐阜

　この図で「富山」を数式として利用したい場合、INDIRECT関数では「=INDIRECT("R"&3&"C"&4,FALSE())」と入力します。INDIRECT関数を利用せず「="R"&3&"C"&4」と入力した場合、「R3C4」と文字列で表示されます。INDIRECT関数により文字列の「R3C4」をセル参照の値として利用することで「=R3C4」と同じ式になります（「R3C4」はセルの位置を表しています。次項参照）。

　参照形式が「A1参照形式」の場合はTRUE、または省略します。「R1C1参照形式」の場合はFALSEとなるよう必ず指定します。「R1C1参照形式」については、次の項で解説します。

▼INDIRECT関数を利用した例

	1	2	3	4	5
1	富山				
2		青森	群馬	新潟	静岡
3		岩手	茨城	富山	愛知
4		秋田	栃木	石川	三重
5		宮城	埼玉	福井	岐阜

入力する式　A1
=INDIRECT("R"&3&"C"&4,FALSE())

● R1C1参照形式について

　参照形式には「A1参照形式」と「R1C1参照形式」の2種類があります。Excelの初期状態では「A1参照形式」になっています。「A1参照形式」は「=A1」のように「列が英字」「行が番号」の参照形式です。

　一方、「R1C1参照形式」は、列も行も番号の参照形式です。

▼A1参照形式

	A	B	C	D
1				
2				
3			=A1	
4				

▼R1C1参照形式

	1(A)	2(B)	3(C)	4(D)
1				
2				
3			=R1C1	
4				

R1C1参照形式に変更するには、「ファイル」をクリックし、「オプション」から「数式」を選択して「R1C1参照形式を使用する」にチェックを入れます。Excel 2007の場合は、左上の「Officeボタン」から「Excelのオプション」をクリックして、「数式」の設定を変更します。

▼R1C1参照形式に変更する

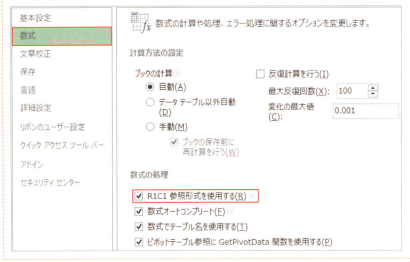

● RとCの意味

RとCの意味を説明します。R1C1参照形式になじみがある人は、次の説明は飛ばして構いません。RとはROWの頭文字です。つまり、行を表します。

R1C1参照形式でセルに「=R」と入力すると、式が入っているセルの行をすべて選択します。

▼「=R」と入力した例

適当なセルに「=R2」のように後ろに数字を入れた場合、2行目をすべて選択します。

▼「=R2」と入力した例

	1	2	3	4
1	=R2			
2				
3				
4				

　CとはCOLUMNの頭文字です。つまり、列を表します。セルに「=C」と入力すると、式が入っているセルの列をすべて選択します。

▼「=C」と入力した例

	1(A)	2(B)	3(C)	4(D)
1				
2		=C		
3		ⓕ CEILING.MATH		
4		ⓕ CELL		

　適当なセルに「=C3」のように後ろに数字を入れた場合、3列目をすべて選択します。

▼「=C3」と入力した例

	1	2	3	4
1	=C3			
2				
3				
4				

　「=RC」と入力した場合は、式が入っているセルの行と列を選択します。つまりアクティブセルを選択した状態になります。

▼「=RC」と入力した例

	1(A)	2(B)	3(C)	4(D)
1				
2		=RC		
3				
4				

相対参照と絶対参照

●相対参照とは

163ページの式を見ると、[ ]で括られている部分があることに気がつくと思います。これは、「相対参照」を表しています。簡単な例を見てみましょう。下図では、「=R[-2]C[-2]」と式を入力しました。

▼相対参照のイメージ

	1(A)	2(B)	3(C)	4(D)
1	A1	B1		
2	A2	B2		
3			=R[-2]C[-2]	
4				=R[-2]C[-2]

相対参照の場合、数字が[]で括られます。C3セルの式「=R[-2]C[-2]」をコピーしてD4に貼り付けても、式は「=R[-2]C[-2]」のままです。C3セルの式「=R[-2]C[-2]」は「右へ2行（R）、上へ2列（C）先のセルを参照する」という意味です。

式の入力されているセルがC3からD4に移動した場合も、「右へ2行（R）、上へ2列（C）先のセルを参照する」という意味なので、参照セルも移動します。

●絶対参照とは

相対参照の他に、「絶対参照」というものがあります。絶対参照の場合、数字が[]で括られません。下図に「=R1C1」と入力した例を示します。C3セルの式「=R1C1」をコピーしてD4に貼り付けても式は「=R1C1」のままです。C3セルの式「=R1C1」は「R1C1を必ず参照する」という意味だからです。式の入力されているセルがC3からD4に移動した場合も、「R1C1を必ず参照する」ので参照セルは変わりません。

▼絶対参照のイメージ

	1(A)	2(B)	3(C)	4(D)
1	A1	B1		
2	A2	B2		
3			=R1C1	
4				=R1C1

● 「A1参照形式」の相対参照

A1参照形式の相対参照と絶対参照もついでに説明しておきましょう。例として、下図のようにC3セルに「=A1」と入力します。その式をコピーしてD4に貼り付けると、式は「=B2」になります。C3セルの式「=A1」を別の読み方をすると、「右に2つ、上に2つ先のセルを参照する」という意味になります。式の入力されているセルがC3からD4に移動した場合も、「右に2つ、上に2つ先のセルを参照する」ので、参照セルも移動します。

つまり、ここでも相対参照は式の入力されているセルから見て、どの位置を参照するかというものなのです。

▼A1参照形式の相対参照

	A	B	C	D
1	A1	B1		
2	A2	B2		
3			=A1	
4				=B2

● 「A1参照形式」の絶対参照

絶対参照の場合、「$」が英数字の前に入ります。例として、下図のようにC3セルに「=$A$1」と入力します。その式をコピーしてD4に貼り付けても式は「=$A$1」のままです。C3セルの式「=$A$1」は「A1を必ず参照する」という意味だからです。式の入力されているセルがC3からD4に移動した場合も、「A1を必ず参照する」ので参照セルは変わりません。

つまり、絶対参照は式がどこに入力されていても指定したセルを参照します。

▼A1参照形式の絶対参照

	A	B	C	D
1	A1	B1		
2	A2	B2		
3			=$A$1	
4				=$A$1

💡 ポイント

 キーで、絶対参照と相対参照の切り替えができます。

すべての式に共通する部分

ここからは、163ページで示した、それぞれのセルに入力した関数について解説していきます。

1～10すべての列は【=IF(ROW()<=COUNTA(伝票!C1)…】から始まっています。ここでは、IF、ROW、COUNTA関数を組み合わせています。後ろが長くなっている式もありますが、シンプルに考えると【=IF(ROW()<=COUNTA(伝票!C1),"真","偽")】という意味です。IF関数の条件式が【ROW()<=COUNTA(伝票!C1)】で、以降は「真」と「偽」を定義しています。(伝票!C1)は参照元であるシート「伝票」のC1(1列目)を意味します。

つまり、アクティブセルの行ROW()が、1列目の仕訳数COUNTA(伝票!C1)以下の場合「真」、それより大きい場合「偽」を参照するという式になります。不等号・等号を組み合わせた【<=】で「以下」を条件としています。

説明での仕訳データは7行なので、7行目までは「真」、仕訳が途切れた8行目から「偽」を返す関数になります。

1列目（日付）の式

=IF(ROW()<=COUNTA(伝票!C1),(伝票!RC),(INDIRECT("伝票!R"&ROW()-COUNTA(伝票!C1)+1&"C",FALSE))))

▼ 1列目の式による並べ替えのイメージ

● 真（借方参照）：(伝票!RC)

7行目までシート「伝票」の同じ行・列のセルにある値を参照します。【(シート名)!】で、参照するシートを指定できます。【RC】は、参照先シートの同じ位置のセルを指しています。

- **偽（貸方参照）：(INDIRECT("伝票!R"&ROW()-COUNTA(伝票!C1)+1&"C", FALSE()))**

　仕訳データが途切れたアクティブセルROW()の行目から仕訳データ数COUNTA(伝票!C1)に1を足した行目（8－7＋1）と、同じ列目をシート「伝票」から参照します。COUNTA(伝票!C1)に1を足すのは、見出し行がある分を考慮しているためです。

　8行目を文字列で表すと「伝票！R2C」となります。これをINDIRECT関数で括ることで、「伝票！R2C」が参照されます。

2～6列目（部門名、総勘コード、勘定科目名、補助科目名、金額）の式

=IF(ROW()<=COUNTA(伝票!C1),(伝票!RC),(INDIRECT("伝票!R"&ROW()-COUNTA(伝票!C1)+1&"C"&COLUMN()+5,FALSE())))

▼2～6列目の式による並べ替えのイメージ

「借方項目」「貸方項目」の科目列と金額列をそれぞれ1列にまとめている

- **真（借方参照）：(伝票!RC)**

　7行目までシート「伝票」の同じ行・列のセルにある値を参照します。

- **偽（貸方参照）：(INDIRECT("伝票!R"&ROW()-COUNTA(伝票!C1)+1&"C"&COLUMN()+5,FALSE()))**

　仕訳データが途切れたアクティブセルROW()の行目から仕訳データ数COUNTA(伝票!C1)に1を足した行目（8－7＋1）と、アクティブセルCOLUMN()の列目に5を足した列目をシート「伝票」から参照します。

　8行目を文字列で表すと「伝票!R2C5」となります。これをINDIRECT関数で括ることで、「伝票!R2C5」を参照することになります。

● 7〜9列目（プロジェクトコード、プロジェクト名、摘要）の式

=IF(ROW()<=COUNTA(伝票!C1),(伝票!RC[5]),(INDIRECT("伝票!R"&ROW()-COUNTA(伝票!C1)+1&"C"&COLUMN()+5,FALSE))))

▼ 7〜9列目の式による並べ替えのイメージ

● 真（借方参照）：(伝票!RC[5])

7行目までシート「伝票」の同じ行列のセルから右に5つ目にある値を参照します。

● 偽（貸方参照）：(INDIRECT("伝票!R"&ROW()-COUNTA(伝票!C1)+1&"C"&COLUMN()+5,FALSE))))

仕訳データが途切れたアクティブセルROW()の行目から仕訳データ数COUNTA(伝票!C1)に1を足した行目（8－7＋1）と、アクティブセルCOLUMN()の列目に5を足した列目をシート「伝票」から参照します。

8行目を文字列で表すと「伝票!R2C5」となります。これをINDIRECT関数で括ることで、「伝票!R2C5」を参照することになります。

◎ 10列目(貸借区分)の式

=IF(ROW()<=COUNTA(伝票!C1),"借方","貸方")

▼10列目の式を入力した結果

「貸借区分」を追加している

	1	2	3	4	5	6	7	8	9	10
1	日付	部門名	総勘コード	勘定科目名	補助科目名	金額	プロジェクトコード	プロジェクト名	摘要	貸借区分
2	11.627	B部門	4029	原-旅費交通費	鉄道・バス	200	B0000003-00	オペレーター派遣業務	営業交通費	借方
3	11.627	B部門	4029	原-旅費交通費	鉄道・バス	-500	B0000003-00	オペレーター派遣業務	営業交通費	借方
4	11.627	B部門	2004	未払金		315	B0000003-00	オペレーター派遣業務	営業交通費	借方
5	11.630	A部門	4005	外注費		60000	A0000001-00	A地区電線保守工事	伝票No.3021	借方
6	11.531	A部門	1006	売掛金		8925000	A0000003-00	A市電柱移設工事	伝票No.1014	借方
7	11.628	管理部	5017	販-通信費	電話代	6378			FAX	借方
8	11.627	B部門	2004	未払金		210	B0000003-00	オペレーター派遣業務	営業交通費	貸方
9	11.627	B部門	2004	未払金		-525	B0000003-00	オペレーター派遣業務	営業交通費	貸方
10	11.627	B部門	4029	原-旅費交通費	鉄道・バス	300	B0000003-00	オペレーター派遣業務	営業交通費	貸方
11	11.630	A部門	2002	買掛金		63000	A0000001-00	A地区電線保守工事	伝票No.3021	貸方
12	11.531	A部門	3001	売上高		8500000	A0000003-00	A市電柱移設工事	伝票No.1014	貸方
13	11.628	管理部	2004	未払金		6696			FAX	貸方

● 真(借方参照): "借方"

仕訳データが途切れる7行目までは「借方」を返します。

● 偽(貸方参照): "貸方"

仕訳データが途切れた8行目から「貸方」を返します。

活用テク 47 並べ替え用シートを作成する

ここが重要

解説した関数を使って、実際に並べ替えシートを作ります。

1 サンプルデータ「chapter4_7.xlsx」を開き、シートタブの「+」をクリックして新規シートを作成します。

サンプルデータ
📁 chapter4 ▶ 📄 chapter4_7.xlsx

2 R1C1セルに関数を入力します。

入力する式 `R1C1`
=IF(ROW()<=COUNTA(伝票!C1),(伝票!RC),(INDIRECT("伝票!r"&ROW()-COUNTA(伝票!C1)+1&"c",FALSE())))

3 R1C2セルに関数を入力し、セル右下をドラッグ&ドロップして6列目までコピーします。

入力する式 `R1C2`
=IF(ROW()<=COUNTA(伝票!C1),(伝票!RC),(INDIRECT("伝票!r"&ROW()-COUNTA(伝票!C1)+1&"c"&COLUMN()+5,FALSE())))

活用テク 47 並べ替え用シートを作成する

4 R1C7セルに関数を入力し、9列目までコピーします。

入力する式　R1C7
=IF(ROW()<=COUNTA(伝票!C1),(伝票!RC[5]),(INDIRECT("伝票!r"&ROW()-COUNTA(伝票!C1)+1&"c"&COLUMN()+5,FALSE())))

5 R2C10セルに、「貸借区分」と文字を入力し、2行目に関数を入力します。

入力する式　R2C10
=IF(ROW()<=COUNTA(伝票!C1),"借方","貸方")

6 それぞれの列に入力した式を、下の行にコピーすると、並べ替えの表ができます。

完成サンプル
chapter4 ▶ chapter4_7.xlsx ▶ シート「並べ替え」

Chapter >>
4-6 データを追加する

前項では、伝票データの並べ替えの基本的な部分を説明しましたが、実際に使うにはデータ量が足りません。ここでは、データの項目を追加する関数を解説していきます。

追加する項目と利用する関数

伝票データにない情報をVLOOKUP関数や演算子を使って追加します。

これからはA1参照形式で説明するので、167ページの説明に従って設定を変更してください。

第3章でピボットテーブルを作成した際に利用した情報を追加していきます。具体的には、下表の項目を追加していくことを目的にします。具体的な手順は後述しますので、まずは利用する関数について解説していきます。

▼追加する項目と使用する関数

項目名	項目の例	使用する関数
担当者名	川上 五郎	=IFERROR(VLOOKUP(G2,プロジェクトマスター!$B$2:$D$13,3,FALSE()),"")
個別共通	個別	=IFERROR(VLOOKUP(G2,プロジェクトマスター!$B$2:$F$14,5,FALSE()),"")
得意先	新潟株式会社	=IFERROR(VLOOKUP(G2,プロジェクトマスター!$B$2:$F$14,4,FALSE()),"")
財務分類	PL	=IFERROR(VLOOKUP(C2,勘定科目!$A$2:$F$114,3,FALSE()),"")
勘定分類	02売上原価	=IFERROR(VLOOKUP(C2,勘定科目!$A$2:$F$114,4,FALSE()),"")
変動損益分類	03固定費	=IFERROR(VLOOKUP(C2,勘定科目!$A$2:$F$114,5,FALSE()),"")
人件費集計	02売上原価	=IFERROR(VLOOKUP(C2,勘定科目!$A$2:$F$114,6,FALSE()),"")
月度	06月度	=RIGHT("0"&VALUE(MID(A2,3,2)),2)&"月度"
試算用金額	−200	=IF(J2="借方",F2＊−1,F2)

VLOOKUP関数

式：=VLOOKUP(検索値,範囲,列番号,検索方法)

指定した範囲の1列目で特定の値を検索し、指定した列と同じ行にある値を返す関数です。指定した範囲には、アクティブシートとは別のシートや、異なるブックのシートも範囲指定できます。この後の活用テクでは、別のシートである「プロジェ

クトマスター」シートの一部を範囲指定します。前ページの表からVLOOKUP関数だけ抜き出すと、以下の式になります。

入力する式
=VLOOKUP(F2,プロジェクトマスター!$B$2:$D$13,3,FALSE())

- 検索値…シート「並べ替え」のF2（プロジェクトコード）
- 範囲…シート「プロジェクトマスター」の$B$2（プロジェクトコード）から$D$13（担当者名）までの3列
- 列番号…シート「プロジェクトマスター」のプロジェクトコードを含めて3列目（担当者名）を取得し、シート「並べ替え」の担当者列のアクティブセルに返す

▼VLOOKUP関数の利用イメージ

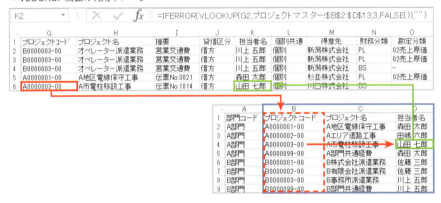

○ IFERROR関数

式：=IFERROR(値,[エラーの場合の値])

　計算式の値がエラー値の場合や、VLOOKUP関数で検索値がない場合に［エラーの場合の値］を返し、正常な場合は値を返す関数です。VLOOKUP関数を利用したいけれど、検索値がない仕訳がある場合、VLOOKUP関数をIFERROR関数で括ります。

入力する式
=IFERROR(VLOOKUP(F2,プロジェクトマスター!$B$2:$D$13,3,FALSE()),"")

MID／VALUE／RIGHT関数

● MID関数
式：=MID(文字列,開始位置,文字数)

　文字列の途中から指定した文字数を取り出して表示する関数です。

● VALUE関数
式：=VALUE(文字列)

　文字列扱いとなっている数字を数値に変換する関数です。

● RIGHT関数
式：=RIGHT(文字列,文字数)

　文字列の右端から指定した文字数を取り出して表示する関数です。

入力する式
=RIGHT("0"&VALUE(MID(A2,3,2)),2)&"月度"

● それぞれの関数を組み合わせる

　仕訳データでは、日付は右表の形で入力されています。

▼仕訳データの日付の入力形式

	A列
1	日付
2	11 430

　1～2文字目が年、3～4文字目が月、6～7文字目が日になっています。3つの関数を組み合わせて、以下のような流れでデータ化します。

①**仕訳データの日付（A2）から月情報だけを取り出して表示する**

　MID([日付],3,2)で月情報を取り出すと、「 4」が表示されます。月情報だけを切り出した状態では文字列なので、4の前に空白の文字列が入っています。

②**文字列を数値に変更し空白を除く**

　VALUE(MID([日付],3,2))→「4」

③**月の桁数を揃えるために、頭に0を付ける**

　"0"&VALUE(MID([日付],3,2))→「04」

　例えば、12月の場合は「012」と表示されます。

④**右側から2文字取り出して表示する**

　RIGHT("0"&VALUE(MID([日付],3,2)),2)→「04」

　これで、12月の場合でも「12」と表示されます。

⑤月の後に"月度"を付ける

文字列を付けるときは「"（ダブルクォーテーション）」で括ります。

◯ IF関数

式：=IF(論理式,真,偽)

ここでもIF関数を使います。試算用金額は利益を算出するために利用する金額です。仕訳の金額のままでは利益を計算できません。そこで、費用科目はマイナス金額にします。

しかし、収益科目でも訂正仕訳であれば借方に仕訳されることもありますし、借方にマイナスで収益科目を仕訳することがないともいえません。また費用科目も貸方に仕訳される場合がありますし、貸方にマイナスで仕訳されることもあり得ます。

以上をまとめると、「貸借区分」が「借方」の場合、マイナスをかける処理をします。表にするとこのようになります。

▼貸借区分と金額値

	借方		貸方	
金額値	＋	－	＋	－
収益	－をかける	－をかける	そのまま	そのまま
費用	－をかける	－をかける	そのまま	そのまま

よって関数式は右のようになります。

入力する式
=IF([貸借区分]="借方",[金額]*-1,[金額])

以上が仕訳データをピボットテーブルで利用するのに適したデータへの並べ替え処理です。なお、第3章のピボットテーブルで利用しているデータは財務分類が「PL」のものだけです。

💡 ポイント

本書では、税抜処理のみで仕訳をしている伝票データを利用しています。税込処理の仕訳がある場合は、仕訳にある税抜処理と税込処理を識別する情報（例：税処理方式→1＝「税込処理」、税処理方式→0＝「税抜処理」）をもとに、IF関数で金額から消費税を引く必要があります。

●計算式例
=IF([貸借区分]="借方",IF(税処理方式="1",([金額]-[消費税額])*-1,[金額]*-1),
IF(税処理方式="1",([金額]-[消費税額]),[金額]))

活用テク 48 並べ替え用シートにデータを追加する

ここが重要

解説した関数を使って、並べ替え用シートにデータを追加します。

1 176ページで完成したデータ、またはサンプルデータ「chapter4_7.xlsx」の「並べ替え」シートを開きます。

サンプルデータ
chapter4 ▶ chapter4_7.xlsx
▶ シート「並べ替え」

	J	K	L	M	N	O	P	Q
	貸借区分							
	借方	=IFERROR(VLOOKUP(G2,プロジェクトマスター!$B$2:$D$13,3,FALSE()),"")						
	借方							
	借方							
	借方							
	借方							

2 K2セル〜S2セルに、下記の式を入力します。

入力する式 K2
=IFERROR(VLOOKUP(G2,プロジェクトマスター!$B$2:$D$13,3,FALSE()),"")

入力する式 L2
=IFERROR(VLOOKUP(G2,プロジェクトマスター!$B$2:$F$14,5,FALSE()),"")

入力する式 M2
=IFERROR(VLOOKUP(G2,プロジェクトマスター!$B$2:$F$14,4,FALSE()),"")

入力する式 N2
=IFERROR(VLOOKUP(C2,勘定科目!$A$2:$F$114,3,FALSE()),"")

入力する式 O2
=IFERROR(VLOOKUP(C2,勘定科目!$A$2:$F$114,4,FALSE()),"")

入力する式 P2
=IFERROR(VLOOKUP(C2,勘定科目!$A$2:$F$114,5,FALSE()),"")

入力する式 Q2
=IFERROR(VLOOKUP(C2,勘定科目!$A$2:$F$114,6,FALSE()),"")

入力する式 R2
=RIGHT("0"&VALUE(MID(A2,3,2)),2)&"月度"

入力する式 S2
=IF(J2="借方",F2*-1,F2)

活用テク 48 並べ替え用シートにデータを追加する

> **MEMO** 1行目の項目名は手入力します。

入力する項目名	入力するセル位置
担当者名	K1
個別共通	L1
得意先	M1
財務分類	N1
勘定分類	O1
変動損益分類	P1
人件費集計	Q1
月度	R1
試算用金額	S1

担当者名	個別共通	得意先	財務分類	勘定分類	変動損益分類	人件費集計	月度	試算用金額
川上 五郎	個別	新潟株式会社	PL	02売上原価	03固定費	02売上原価	06月度	-200
川上 五郎	個別	新潟株式会社	PL	02売上原価	03固定費	02売上原価	06月度	500
川上 五郎	個別	新潟株式会社	BS	-	-	-	06月度	-315
森田 太郎	個別	杉並株式会社	PL	02売上原価	02変動費	02売上原価	06月度	-60000
山田 七郎	個別	川口株式会社	BS	-	-	-	05月度	-8925000
			PL	03販管費	03固定費	04販管費	06月度	-6378
川上 五郎	個別	新潟株式会社	BS	-	-	-	06月度	210
川上 五郎	個別	新潟株式会社	BS	-	-	-	06月度	-525
川上 五郎	個別	新潟株式会社	PL	02売上原価	03固定費	02売上原価	06月度	300
森田 太郎	個別	杉並株式会社	BS	-	-	-	06月度	63000
山田 七郎	個別	川口株式会社	PL	01売上	01売上	01売上	05月度	8500000
			BS	-	-	-	06月度	6696
							#VALUE!	
							#VALUE!	

3 それぞれの式を下の行にコピーすると、データが追加できます。

完成サンプル
chapter4 ▶ chapter4_7.xlsx ▶ シート「データ追加」

Chapter 4-7 Accessで仕訳データを並べ替える

Excelで仕訳データを並べ替える場合、データ量が多くなるとファイルサイズが大きくなるというデメリットがあります。そのことも踏まえて、Accessを利用したデータの並べ替え方法も紹介します。

● Accessでデータコンバートする

Accessはデータベースアプリケーションで、顧客管理や商品管理などに利用することが多いです。一般的なAccessの入門書では、次のような手順で学ぶことを紹介しています。

- **手順1** データベースファイルの作成
- **手順2** テーブルの設計と作成
- **手順3** フォームの作成
- **手順4** クエリの作成
- **手順5** レポートの作成

しかし、これから説明する内容はデータベースとしての利用方法ではありません。データコンバートするツールとしての利用方法を解説します。データコンバートとは、元のあるデータを他のデータ形式に変換することです。

Accessを利用することで、「ワンクリックで外部からExcelやテキストのデータを取り込んで、ピボットテーブルに利用するExcelもしくはCSVのデータを作成する」といったプログラムを簡単に作成することが可能です。本書で解説する手順は、以下の通りです。

- **手順1** 伝票、勘定科目、プロジェクトマスターデータのインポート設定
- **手順2** クエリの作成
- **手順3** 手順2で作成したクエリを変更
- **手順4** 完成データのエクスポート設定
- **手順5** 一連の作業をワンクリックで行うためのマクロの作成

5章で詳しく述べますが、今後はクラウドサービスによりシステム化が進んでいくと予想されます。社内でさまざまなシステムが利用されるようになると、システム間のデータコンバート作業が多々生じるようになります。

　そうなると効率化したいのが、データコンバート作業です。Excelで行う方法もありますが、Accessで行う方が簡単で効果的なので紹介していきます。これから紹介する方法を応用すれば、システムからエクスポートしたデータを仕訳データにコンバートして、会計ソフトにインポートするためのデータを作成することが可能です。なお、本書ではAccess 2013を使用して解説します。

活用テク49 Accessにテキストデータをインポートする

活用テク 49 Accessにテキストデータをインポートする

ここが重要

伝票データ、勘定科目データ、プロジェクトマスターデータの3つのデータを取り込んで、3つのテーブルを作成します。

1 ここではサンプルデータを使用して説明します。「chapter4_8.txt」をデスクトップにダウンロードしておいてください。自分のパソコンに使いたいデータがある場合は、操作方法を参考にしてください。

サンプルデータ
chapter4 ▶ chapter4_8.txt

2 データベースファイルを新規作成します。Accessを開き、「空のデスクトップデータベース」を選択します。

3 適当なファイル名を付けます。ここでは「伝票データコンバート」と入力します。「作成」をクリックします。

4 「テーブル1」という名称のテーブルが開きますが、「×」をクリックして閉じます。

185

活用テク 49 Accessにテキストデータをインポートする

5 「外部データ」タブをクリックし、「テキストファイル」を選択します。

6 「外部データの取り込み - テキストファイル」ダイアログボックスが表示されます。ここでインポートするファイルの指定と、ファイルの取り込み方法を選択します。ファイルを指定するには、「参照」をクリックします。

7 「ファイルを開く」ダイアログボックスが表示されます。デスクトップに保存した「chapter4_8.txt」を選択し、「開く」をクリックします。

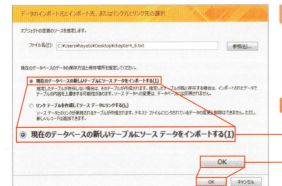

注意 ① 「ファイルが置かれている場所」と「ファイル名」は非常に重要です。必ず同じ場所、同じファイル名にしてください。

8 「現在のデータベースの新しいテーブルにソースデータをインポートする」が選択されているのを確認して、「OK」をクリックします。

活用テク49 Accessにテキストデータをインポートする

9 データの区切り方法を選択します。「区切り記号付き」を選択し、「次へ」をクリックします。

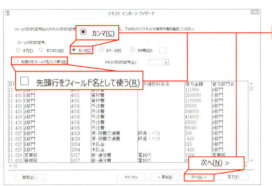

10 フィールド区切りは「カンマ」を選択し、「先頭行をフィールド名として使う」にチェックを入れます。「次へ」をクリックします。

ポイント

「先頭行をフィールド名として使う」にチェックを入れた場合と入れない場合の表示のされ方を比べてみます。下図のような違いがあります。

▼「先頭行をフィールド名として使う」にチェックを入れた場合

貸方部門名	フィール	貸方総勘定科目名
A部門	2002	買掛金

▼「先頭行をフィールド名として使う」にチェックを入れない場合

貸方部門名	総勘コード	貸方総勘定科目名
A部門	2002	買掛金

11 メッセージが表示されますが、「OK」をクリックします。

活用テク49 Accessにテキストデータをインポートする

> **ポイント**
>
> このメッセージは、先頭行で同じフィールド名を繰り返し利用していると表示されるケースが多いです。この場合、Accessで自動的に有効な名前が割り当てられます。今回は「総勘コード」のフィールド名が他のフィールドで利用されていたために、確認のメッセージが表示されました。
> それぞれ本来は「借方」と「貸方」が付くのですが、会計ソフト（勘定奉行）からエクスポートしたテキストファイルの設定では、貸借の区分がありません。そのため、前のフィールドでも「総勘コード」が利用されており、フィールド名の重複が起きました。

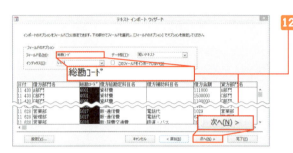

12 フィールド名の重複を避けるためフィールドごとにオプション設定をします。フィールドを選択した状態（黒く反転）で、「フィールドのオプション」の「フィールド名」を変更します。以下の表を参考にフィールド名を変更してください。設定が完了したら「次へ」をクリックします。

▼フィールド名

変更前	変更後	変更するフィールド
日付	日付	
借方部門名	借方部門名	
総勘コード	借方科目コード	○
借方総勘定科目名	借方総勘定科目名	
借方補助科目名	借方補助科目名	
借方金額	借方金額	
貸方部門名	貸方部門名	
フィールド8	貸方科目コード	○
貸方総勘定科目名	貸方総勘定科目名	
貸方補助科目名	貸方補助科目名	
貸方金額	貸方金額	
プロジェクトコード	プロジェクトコード	
プロジェクト名	プロジェクト名	
摘要	摘要	

> **ポイント**
>
> 「フィールドのオプション」の各項目の用途を説明します。
> ・データ型…データ型を変更できる
> ・インデックス…テーブルに含まれるフィールドの中で、頻繁に検索対象となるようなフィールドに対して、索引を別に用意し高速で検索を行えるようにする
> ・このフィールドをインポートしない…インポートしないフィールドがある場合に選択する

活用テク49 Accessにテキストデータをインポートする

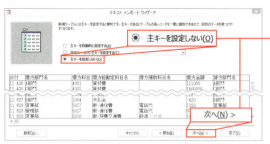

13 「主キーを設定しない」を選択して、「次へ」をクリックします。

> **MEMO** 主キーがあるとテーブルの各レコードを一意に識別できるので、目的のデータを見つけやすくなります。データベースとして利用する場合は重要ですが、今回は重要でないので選択しません。

14 「インポート先のテーブル」に「伝票」と入力して、「完了」をクリックします。

15 「外部データの取り込み - テキストファイル」ダイアログボックスが開くので、「インポート操作の保存」にチェックを入れます。「名前を付けて保存」に「インポート-伝票」と入力し、「インポートの保存」をクリックします。

> **ポイント**
> 「インポート操作の保存」の設定をすると、次回以降は同じ作業をワンクリックでできるようになります。

16 ナビゲーションウィンドウのテーブルに「伝票」が追加されます。

活用テク49 Accessにテキストデータをインポートする

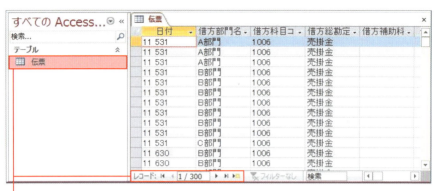

17 ナビゲーションウィンドウの「伝票」をダブルクリックして、中身を見てみましょう。300件のレコードが入っているのがわかります。

● 同じデータを再度取り込む

1 同じデータを取り込みたいときは、「外部データ」タブの「保存済みのインポート操作」をクリックします。

2 「データタスクの管理」ダイアログボックスが開くので、「保存済みのインポート操作」で「インポート - 伝票」を選択した状態で「実行」をクリックします。

3 確認メッセージが表示され、「はい」をクリックすると「chapter4_8.txt」のテキストファイルがインポートされます。

注意① ファイルを参照するリンク先を自分のパソコンとしている場合、「データタスクの管理」に保存されている「保存済みのインポート操作」を他の人は利用できません。

活用テク 50 AccessにCSVデータをインポートする

活用テク 50 AccessにCSVデータをインポートする

ここが重要
基本的な操作はテキストデータをインポートしたときと同じです。

● 勘定科目のデータをインポートする

ここでは、2種類のCSVデータをインポートします。どちらも同じ手順なので、詳しく説明するのは1種類のみですが、195ページからの説明に使うので両方ともインポートしてください。

1 サンプルデータ「chapter4_9.csv」をデスクトップにダウンロードします。

サンプルデータ
chapter4 ▶ chapter4_9.csv

2 前ページで「伝票」データを取り込んだAccessのファイルを使用します。「外部データ」タブの「テキストファイル」をクリックし、取り込むファイルを選択します。

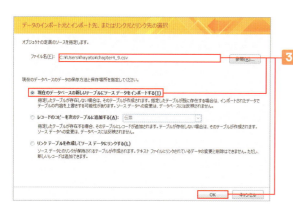

3 「ファイル名」に、選択したテキストファイル名が表示されます。「現在のデータベースの新しいテーブルにソースデータをインポートする」を選択して、「OK」をクリックします。

活用テク50 AccessにCSVデータをインポートする

4 「区切り記号付き」を選択し、「次へ」をクリックします。

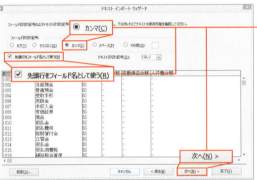

5 フィールド区切り記号は「カンマ」を選択し、「先頭行をフィールド名として使う」にチェックを入れて、「次へ」をクリックします。

6 オプションの設定をします。「勘定科目コード」をクリックすると色が反転します。「データ型」を「短いテキスト」に変更します。「次へ」をクリックします。

活用テク50 AccessにCSVデータをインポートする

7 「主キーを設定しない」を選択して、「次へ」をクリックします。

8 インポート先のテーブルを「勘定科目」に変更して、「完了」をクリックします。

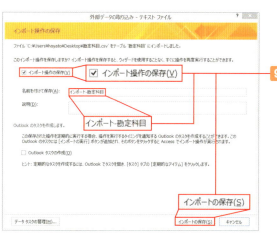

9 「インポート操作の保存」にチェックを入れ、「名前を付けて保存」に「インポート - 勘定科目」と入力して、「インポートの保存」をクリックします。

活用テク50 AccessにCSVデータをインポートする

● プロジェクトマスターのデータをインポートする

続いて「chapter4_10.csv」をインポートします。手順は「chapter4_9.csv」をインポートしたときと同じです。以下の手順に従ってインポートしてください。

①サンプルデータ（chapter4_10.csv）をデスクトップに保存する
②Accessで「外部データ」タブの「テキストファイル」をクリックし、「chapter4_10.csv」を選択
③「区切り記号付き」を選択し、「次へ」をクリック
④フィールド区切り記号は「カンマ」を選択し、「先頭行をフィールド名として使う」にチェックを入れて、「次へ」をクリック
⑤「フィールドのオプション」は変更せずに「次へ」をクリック
⑥「主キーを設定しない」を選択し、「次へ」をクリック
⑦インポート先のテーブル名を「プロジェクトマスター」に変更し、「完了」をクリック
⑧「インポート操作の保存」にチェックを入れ、「名前を付けて保存」に「インポート-プロジェクトマスター」と入力して「インポートの保存」をクリック

完成サンプル
　chapter4 ▶ chapter4_11.accdb

ポイント

テーブルのそれぞれの名称と機能を確認しておきます。

▼テーブルの例

フィールド名	データ型	説明（オプション）
日付	短いテキスト	
借方部門名	短いテキスト	
借方科目コード	短いテキスト	
借方総勘定科目名	短いテキスト	
借方補助科目名	短いテキスト	
借方金額	数値型	

❶ ❷ ❸

▼テーブルの項目

項目	説明
①フィールド名	フィールド名を設定する
②データ型	データ型を設定する。上記の図では「テキスト型」と「数値型」だけですが、他には「日付型」や「通貨型」、「YES/NO型」などがある
③説明	フィールドに対する説明を記入する

活用テク 51 クエリを作成する

ここが重要

クエリを作成すると、データの抽出や集計を簡単にできるようになります。

● クエリの名称と機能

クエリとは、テーブルのデータを抽出したり、集計したりするためのオブジェクトです。作成する前に、名称と機能を説明します。「データシートビュー」は、テーブルと同じ見た目と名称になっています。クエリの編集は「デザインビュー」で行います。

◀データシートビュー

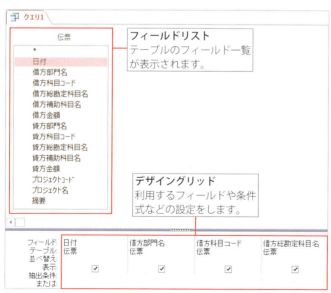
◀デザインビュー

活用テク51 クエリを作成する

● クエリを作成する

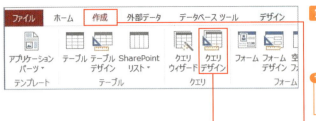

1 194ページでデータをインポートしたファイル、またはサンプルデータを開きます。

サンプルデータ
📁 chapter4 ▶
📄 chapter4_11.accdb

2 ドキュメントにフィールドリストを追加します。「作成」タブの「クエリデザイン」を選択します。

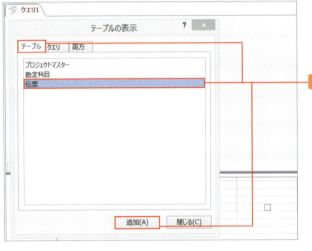

3 「テーブルの表示」ウィンドウが表示されます。「テーブル」から「伝票」を選択し、「追加」をクリックします。

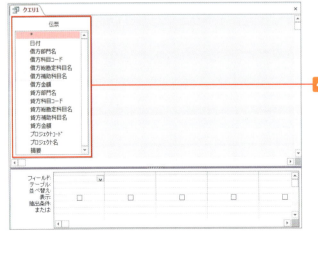

4 ドキュメントに「伝票」のフィールドリストが表示されます。

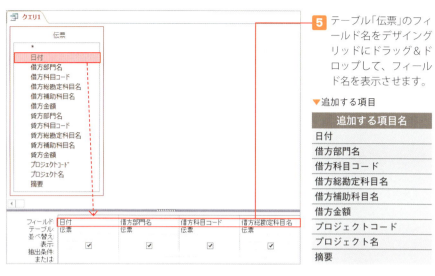

5 テーブル「伝票」のフィールド名をデザイングリッドにドラッグ＆ドロップして、フィールド名を表示させます。

▼追加する項目

追加する項目名
日付
借方部門名
借方科目コード
借方総勘定科目名
借方補助科目名
借方金額
プロジェクトコード
プロジェクト名
摘要

MEMO フィールド名をダブルクリックしても追加表示できます。

6 一度保存しておきます。保存ボタンをクリックします。

7 「名前を付けて保存」ダイアログボックスが開くので、クエリ名に「借方伝票」と入力し、「OK」をクリックします。

8 タブの名前が「クエリ1」から「借方伝票」に変わり、ナビゲーションウィンドウに「借方伝票」が追加されます。

活用テク51 クエリを作成する

9 「デザイン」タブの「表示」で「データシートビュー」をクリックします。

10 選択したフィールドのみ表示されます。

11 フィールド名を変更します。「ホーム」タブの「表示」のアイコンをクリックして、デザインビューに切り替えます。

12 フィールド名の「借方部門名」を「部門名:借方部門名」に書き換えます。同様に、他のフィールド名も下表を参考にして変更してください。

▼フィールド名を変更する項目

変更前	フィールドに入力する文字	変更後	変更するフィールド名
日付	ー	日付	
借方部門名	部門名:借方部門名	部門名	○
借方科目コード	科目コード:借方科目コード	科目コード	○
借方総勘定科目名	勘定科目名:借方総勘定科目名	勘定科目名	○
借方補助科目名	補助科目名:借方補助科目名	補助科目名	○
借方金額	金額:借方金額	金額	○
プロジェクトコード	ー	プロジェクトコード	
プロジェクト名	ー	プロジェクト名	
摘要	ー	摘要	

13 作成したクエリにフィールドを追加していきます。まず、「借方」「貸方」のフィールドを追加します。「伝票」テーブルに貸借区分のフィールドはありませんので、任意のフィールドを追加します。空白のフィールドに「貸借区分: "借方"」と入力します。

プロジェクトコード	プロジェクト名	摘要	貸借区分
C0000003-00	Cシステム機器販売	伝票No:3001	借方
C0000001-00	C機器販売	伝票No:3002	借方
A0000003-00	A市電柱移設工事	伝票No:3010	借方
A0000003-00	A市電柱移設工事	伝票No:3011	借方
C0000002-00	Cシステム販売	伝票No:3013	借方
B0000001-00	営業事務派遣業務	04月分給与計上	借方

14 表示するとフィールド名が「貸借区分」、フィールドに「借方」と表示されているのがわかります。

完成サンプル
chapter4 ▶ chapter4_12.accdb

活用テク52 他のテーブルの情報を追加する

活用テク 52 他のテーブルの情報を追加する

ここが重要

他のテーブルの情報を追加して、加工するためのデータをまとめます。

1. 前ページで作成したデータ、またはサンプルデータを開きます。

サンプルデータ

chapter4 ▶ chapter4_12.accdb

MEMO サンプルデータを使用する際は、画面左に表示されている「借方伝票」クエリをダブルクリックして開きます。

2. 「担当者名」と「個別共通」の項目を追加します。「デザインビュー」を表示して、「デザイン」タブの「テーブルの表示」をクリックします。

3. 「プロジェクトマスター」のテーブルを選択して、「追加」をクリックします。

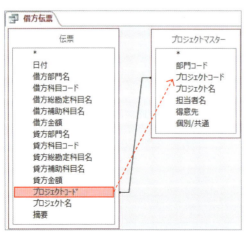

4. 「伝票」の「プロジェクトコード」をドラッグし、「プロジェクトマスター」の「プロジェクトコード」にドロップして結合します。

活用テク 52 他のテーブルの情報を追加する

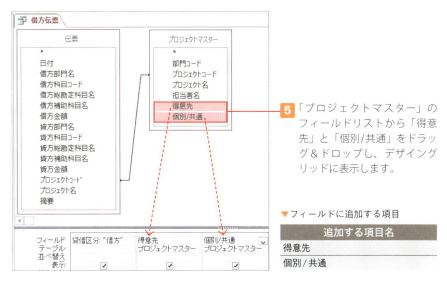

5 「プロジェクトマスター」のフィールドリストから「得意先」と「個別/共通」をドラッグ＆ドロップし、デザイングリッドに表示します。

▼フィールドに追加する項目

追加する項目名
得意先
個別/共通

6 どのようになったか表示ビューで確認してみましょう。300件あったデータが230件になっています。

ポイント

「プロジェクトコード」を結合のフィールドとしているので、「伝票」のプロジェクトコードと「プロジェクトマスター」のプロジェクトコードのどちらにもデータがないと表示されません。この場合、「伝票」にプロジェクトコードがないものがあります。サンプルのデータでは、「販売管理費」にプロジェクトコードがありません。そこで、「伝票」のデータをすべて表示する設定が必要となります。

201

活用テク 52 他のテーブルの情報を追加する

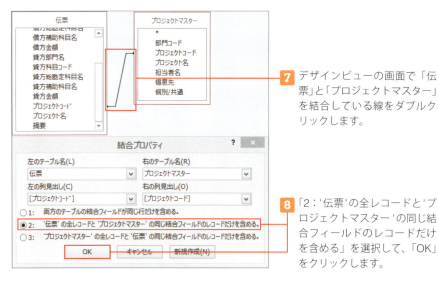

7 デザインビューの画面で「伝票」と「プロジェクトマスター」を結合している線をダブルクリックします。

8 「2:'伝票'の全レコードと'プロジェクトマスター'の同じ結合フィールドのレコードだけを含める」を選択して、「OK」をクリックします。

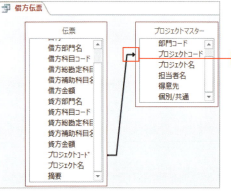

9 結合線が矢印に変更されます。レコード数がどうなっているか、表示ビューに切り替えて確認してみます。

10 プロジェクトコードが空のデータも表示され、レコード件数も「300」になりました。

活用テク 52 他のテーブルの情報を追加する

4-7 Accessで仕訳データを並べ替える

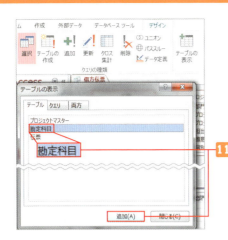

11 「デザイン」タブの「テーブルの表示」をクリックし、「勘定科目」のテーブルを追加します。

12 「伝票」テーブルの「借方科目コード」と「勘定科目」テーブルの「勘定科目コード」の線をつなぎます。線をダブルクリックして、「2:'伝票'の全レコードと'勘定科目'の同じ結合フィールドのレコードだけ含める」にチェックを入れます。

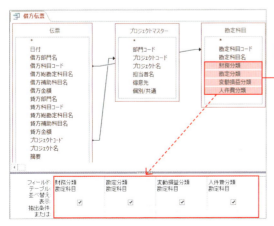

13 勘定科目のフィールドリストから、「財務分類」「勘定分類」「変動損益分類」「人件費分類」の4つの項目をドラッグ＆ドロップで追加します。

▼フィールドに追加する項目

追加する項目名
財務分類
勘定分類
変動損益分類
人件費分類

203

活用テク 52 他のテーブルの情報を追加する

借方伝票						
日付	部門名	科目コード	勘定科目名	補助科目名	金額	プロジェクトコー
11 430	A部門	4001	資材費		111000	A0000003-00
11 430	C部門	4001	資材費		1500000	C0000003-00
11 430	C部門	4001	資材費		1100000	C0000001-00
11 430	A部門	4005	外注費		30000	A0000003-00
11 430	A部門	4005	外注費		804000	A0000003-00
11 430	A部門	4005	外注費		414000	A0000003-00
11 430	A部門	4005	外注費		83000	A0000001-00
11 430	A部門	4005	外注費		60000	A0000001-00
11 627	B部門	4029	原-旅費交通費	鉄道・バス	200	B0000003-00
11 627	B部門	4029	原-旅費交通費	鉄道・バス	-500	B0000003-00

レコード: 1 / 300

14 データシートビューで表示します。各項目が追加されています。

完成サンプル
chapter4 ▶ chapter4_13.accdb

> **注意** フィールドを追加する際、「式で型が一致しません」とエラーメッセージが表示される場合があります。これは、線でつないだ「伝票」の「借方科目コード」と、「勘定科目」の「勘定科目コード」のデータ型が異なるために生じるエラーです。
> このエラーが発生したら、テーブルをデザインビューで表示して、フィールドのデータ型を確認してみます。下図のように「伝票」が「テキスト型」なのに「勘定科目」が「数値型」の場合、勘定科目を「テキスト型」に変更します。
>
> ▼フィールドのデータ型を確認する

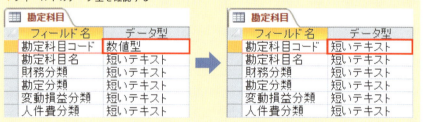

活用テク 53 クエリにフィルターをかける

ここが重要

項目を追加したクエリにフィルター機能を使って、「財務分類」が「PL」のデータのみ表示します。

1 前ページで作成したデータ、またはサンプルデータを開きます。

サンプルデータ
📁 chapter4 ▶ 📄 chapter4_13.accdb

> **MEMO** サンプルデータを使用する際は、画面左に表示されている「借方伝票」クエリをダブルクリックして開きます。

2 デザインビューに切り替え、「財務分類」フィールドの「抽出条件」に"PL"と入力します。

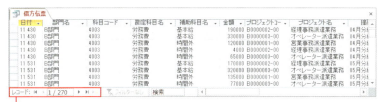

3 データシートビューに切り替えます。件数が300件から270件になっています。フィールド「財務分類」が「BS」のデータが30件あり、それらが非表示になったということです。

ポイント

抽出条件を"BS"にした場合、財務分類がBSのものだけ表示されます。

▼抽出条件を"BS"にした場合

完成サンプル
📁 chapter4 ▶ 📄 chapter4_14.accdb

Chapter 4-8 Accessの集計を月ごとに整理する

ここではAccessの関数を使って日付のデータから月度情報を作成します。ここまでAccessを使って仕訳データの並べ替えとデータの追加をしてきました。月度を追加して、伝票を完成させましょう。

期間の情報を加える

Accessクエリを使ってデータをインポートし、フィルターで整理するところで解説しましたが、経理で使うには大事なものが足りません。今まで作成したデータでは、分類や担当者別にデータを見ることができても、期間で区切れません。

そこで、月ごとにデータを参照できるようにする方法を解説します。そのためには「関数」を使います。

Accessの関数

Accessにも関数があります。Excelと同じように、指定したデータを参照して、自動的に計算してくれます。ここでは次の活用テクで使う関数を紹介します。

● Mid関数

式：Mid(文字列式, 先頭文字数目, 取り出す文字数)

文字列式を指定し、その文字列式の指定した文字数目から、指定した文字数を取り出します。

● Val関数

式：Val(文字列式)

指定した文字列に含まれる数値を適切な数値型のデータ型に変換します。ただし、数値に変換できない文字が見つかると変換を中止します。

● Right関数

式：Right(文字列式, 取り出す文字数)

文字列式を指定し、その文字列式の右端から指定した文字数を取り出します。

活用テク 54 月度を追加する

ここが重要
月別推移を分析するために月度情報を追加します。

1. 205ページで完成したデータ、またはサンプルデータを開き、「借方伝票」クエリをダブルクリックして開きます。

サンプルデータ
chapter4 ▶ chapter4_14.accdb

2. データシートビューで1行目を見てみましょう。左から1〜2桁目は西暦の下2桁、3〜4桁目は月度、5〜6桁目は日を意味しています。この中で利用したい桁数は、月を表す3〜4桁目です。

3. デザインビューに切り替え、新規のフィールドに関数式を入力します。

入力する式 フィールド
月度：Right("00" & Val(Mid([日付],3,2)),2) &"月度"

MEMO 新規フィールドは、「デザイン」タブの「列の挿入」をクリックして追加できます。

活用テク54 月度を追加する

ポイント

入力した式は、前項で紹介した関数を組み合わせています。それぞれ細分化して解説します。考え方としては、179ページで解説したMID関数・VALUE関数・RIGHT関数の組み合わせと似ています。

- Mid([日付],3,2)
  [11 430]の場合、空白を含めた2文字取得するので[4]と表示されます。
  これは[11 430]が文字列のためです。

- Val(Mid([日付],3,2))
  半角スペースが取り除かれ、[4]と表示されます。

- "00" & Val(Mid([日付],3,2))
  [10][11]など2桁の月と[4][5]などの1桁の月とで表示にばらつきがあるので、[4][5]などは[04][05]と表示するようにします。
  [10][11] ⇒ [010][011]
  [4][5] ⇒ [04][05]
  と表示するようにします。

- Right("00" & Val(Mid([日付],3,2)),2)
  [010][011] ⇒ [10][11]
  [04][05] ⇒ [04][05] と表示するようにします。

- Right("00" & Val(Mid([日付],3,2)),2) & "月度"
  「月度」の文字が表示されるように記載します。

4 クエリに月度が表示されます。

完成サンプル
chapter4 ▶ chapter4_15.accdb

活用テク 55 試算用金額を算出する

ここが重要

クエリでは、フィールドに演算子や関数などを使って演算式を入力することで、異なる値を求めることができます。

● 借方伝票クエリを作成する

1 前ページで完成したデータ、またはサンプルデータを開きます。

サンプルデータ

chapter4 ▶ chapter4_15.accdb

2 新規フィールドに「試算用金額：[金額]＊-1」と入力します。

入力する式 フィールド
試算用金額:[金額]＊-1

3 「ホーム」タブの「表示」をクリックし、「データシートビュー」を選択します。

変動損益分類	人件費分類	月度	試算用金額
01売上	01売上	05月度	-130000
01売上	01売上	05月度	140000
02変動費	02売上原価	04月度	-111000
02変動費	02売上原価	04月度	-1500000
02変動費	02売上原価	04月度	-1100000
02変動費	02売上原価	05月度	-317000

4 試算用金額が追加されています。これで借方伝票が完成したので、次項からは貸方伝票を作成します。

完成サンプル

chapter4 ▶ chapter4_16.accdb

試算用金額を算出する

> **ポイント**
>
> 本書では税抜処理のみで仕訳をしている伝票データを利用しています。税込処理の仕訳がある場合は、仕訳にある税抜処理と税込処理を識別する情報（例：税処理方式→1＝「税込処理」、税処理方式→0＝「税抜処理」）をもとに、iif関数で金額から消費税を引く必要があります。
>
> ●計算式例
> 試算用金額：iif([税処理方式]="1",([金額]-[消費税額]),[借方金額])＊－1

活用テク 56

貸方伝票クエリを作成する

ここが重要

借方伝票クエリと同じように、貸方側のデータを抜き出したクエリを作成します。基本的な作成方法は一緒なので、違う部分を重点的に説明します。

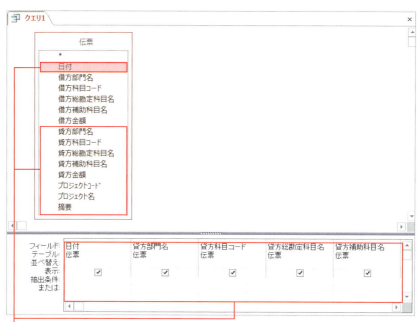

1. 前ページで完成したデータ、またはサンプルデータを開きます。「作成」タブの「クエリデザイン」をクリックし、新規クエリを開きます。「伝票」テーブルを追加し、下表のフィールド名と同じ項目を選択して、デザイングリッドに表示させます。

テーブル	フィールドに追加する項目
伝票	日付
	貸方部門名
	貸方科目コード
	貸方総勘定科目名
	貸方補助科目名
	貸方金額
	プロジェクトコード
	プロジェクト名
	摘要

サンプルデータ
chapter4 ▶ chapter4_16.accdb

211

活用テク56 貸方伝票クエリを作成する

2 「貸方伝票」と名付けて保存します。

3 クエリに「貸方伝票」が追加されます。

変更前の表示 (データシートビュー)	フィールドに入力する文字 (デザイングリッド)	変更後の表示 (データシートビュー)	変更する フィールド名
日付		日付	
貸方部門名	部門名:貸方部門名	部門名	○
貸方科目コード	科目コード:貸方科目コード	科目コード	○
貸方総勘定科目名	勘定科目名:貸方総勘定科目名	勘定科目名	○
貸方補助科目名	補助科目名:貸方補助科目名	補助科目名	○
貸方金額	金額:貸方金額	金額	○
プロジェクトコード		プロジェクトコード	
プロジェクト名		プロジェクト名	
摘要		摘要	

4 上表に従って、それぞれのフィールド名を変更します。

5 フィールドに貸借区分を追加します。貸借区分:"貸方"と入力します。

活用テク 56 貸方伝票クエリを作成する

4-8 Accessの集計を月ごとに整理する

テーブル	フィールドに追加する項目
プロジェクトマスター	担当者名
	得意先
	個別／共通
勘定科目	財務分類
	勘定分類
	変動損益分類
	人件費分類

6 「デザイン」タブの「テーブルの表示」をクリックして、それぞれのテーブルから左表のフィールドを追加します。「財務分類」の「抽出条件」に「"PL"」と入力します。

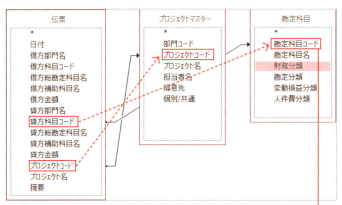

7 借方伝票で設定したように、貸方伝票でも伝票の全レコードを表示させるように設定します。「伝票」テーブルの「プロジェクトコード」と、「プロジェクトマスター」の「プロジェクトコード」をつなぎます。そして、テーブル「伝票」の「貸方科目コード」と、テーブル「勘定科目」の「勘定科目コード」をつなぎます。つないだ線をそれぞれダブルクリックして、「結合のプロパティ」で「2」を選択します。

8 新規のフィールドに「試算用金額:貸方金額」と入力します。貸方伝票のクエリの完成です。

完成サンプル
📁 chapter4 ▶ 📄 chapter4_17.accdb

💡 ポイント

借方伝票では、「金額＊ー1」という演算式を入力しました。しかし、貸方伝票はそのままの金額で大丈夫なので、フィールド名を変更するだけでOKです。

💡 ポイント

税込処理の仕訳がある場合は、iif関数で金額から消費税を引く必要があります。

●計算式例
試算用金額: iif([税処理方式]="1",([金額]-[消費税額]),[金額])

Chapter 4-9 2つのクエリから1つのテーブルを作成する

作成した借方伝票と貸方伝票クエリから1つのテーブルを作成します。1つのテーブルにまとめることで、両方のデータを一括で操作できるようになり、活用の幅が広がります。

● クエリの種類を変更する

借方伝票と貸方伝票の2つのクエリを作成しました。次は、別々に作成したクエリから1つのテーブルを作成します。そのために、借方伝票と貸方伝票のクエリの種類を変更します。

● 「テーブル作成クエリ」と「追加クエリ」

借方伝票クエリを「テーブル作成クエリ」に変更、貸方伝票クエリを「追加クエリ」に変更します。この「テーブル作成クエリ」と「追加クエリ」は、「アクションクエリ」と呼ばれるクエリです。ちなみにこれまで作成してきたクエリは、「選択クエリ」といいます。

テーブル作成クエリは、選択クエリで作成した結果から、新しいテーブルを作成するクエリです。一方、追加クエリは、条件に一致するレコードをまとめて、別のテーブルに追加することができます。

つまり、テーブル作成クエリで借方伝票クエリから新しいテーブルを作成し、追加クエリで貸方伝票クエリの結果を新しいテーブルに追加して、1つのテーブルを作成することで、借方伝票の270件と、30件の合わせて300件の新しいテーブルが作成されます。

活用テク 57 クエリの種類を変更する

ここが重要
作成済みのクエリの種類を変更し、別々に作成したクエリから新しいテーブルを作成します。

● 借方伝票を変更する

1 213ページで完成したデータ、またはサンプルデータ「chapter4_17.accdb」を開きます。

サンプルデータ

chapter4 ▶ chapter4_17.accdb

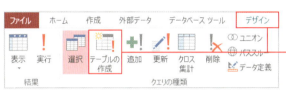

2「借方伝票」クエリをデザインビューで開き、「デザイン」タブの「テーブルの作成」をクリックします。

3「テーブルの作成」ダイアログボックスが開くので、「テーブル名」に「並べ替え伝票」と入力し、「カレントデータベース」にチェックを入れて、「OK」をクリックします。

4「デザイン」タブの「実行」をクリックします。

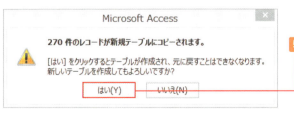

5「レコードが新規テーブルにコピーされます」というメッセージが表示されるので、「はい」をクリックします。

活用テク57 クエリの種類を変更する

6 ナビゲーションウィンドウに「並べ替え伝票」テーブルが作成されます。

MEMO ファイルを保存すると、左図のようにクエリ「借方伝票」のアイコンが変わります。

7 新しいテーブル「並べ替え伝票」が作成されます。

● 貸方伝票を変更する

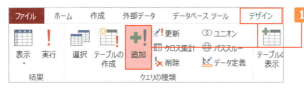

1 選択クエリ「貸方伝票」をアクションクエリ「追加クエリ」に変更します。「貸方伝票」をデザインビューで開き、「デザイン」タブの「追加」をクリックします。

2 「追加」ダイアログボックスが開くので、テーブル名から「並べ替え伝票」を選択して、「OK」をクリックします。

活用テク57 クエリの種類を変更する

4-9 2つのクエリから1つのテーブルを作成する

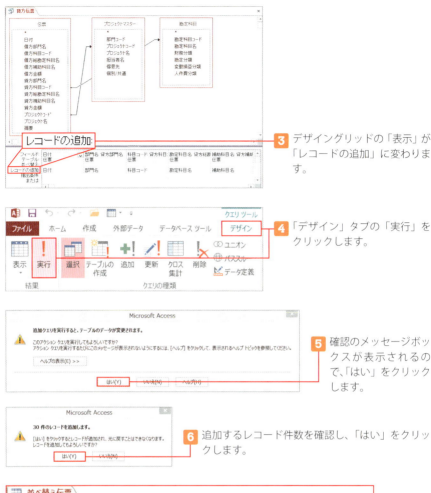

3 デザイングリッドの「表示」が「レコードの追加」に変わります。

4 「デザイン」タブの「実行」をクリックします。

5 確認のメッセージボックスが表示されるので、「はい」をクリックします。

6 追加するレコード件数を確認し、「はい」をクリックします。

7 「並べ替え伝票」テーブルにレコードが追加され、テーブルが完成します。レコード数が300になっているのがわかります。ファイルを保存すると、ナビゲーションウィンドウのクエリ「貸方伝票」のアイコンが変わります。

完成サンプル
chapter4 ▶ chapter4_18.accdb

217

Chapter 4-10 コンバートしたデータを使うには

Accessでコンバートしたデータを使うためには、エクスポートする必要があります。ここでは、エクスポートをより効率的に行うためのAccessの設定まで解説します。

● コンバートしたデータを生かすために

　ピボットテーブルでの集計に向くデータに並べ替えるためにAccessを利用しました。ピボットテーブルに向くデータとは、科目列と金額列を1列にまとめ、貸借区分を別の列に設けて並べ替えたものです。

　会計ソフト出力した3つのデータ（伝票、勘定科目、プロジェクトマスター）を取り込んでクエリで加工して、「借方伝票」と「貸方伝票」の2つの選択クエリを作成しました。一度作ってしまえば、保存したインポート定義を実行して、指定した場所にある「伝票」データを取得し、更新された「借方伝票」と「貸方伝票」が自動的に作成されます。

　Accessのよい点は、取り込む「伝票」のレコード数が多くなっても、データの選択範囲を変更する必要がないところです。「借方伝票」と「貸方伝票」は新しいテーブルを作成したり、テーブルにデータを追加したりするアクションクエリとなっているので、クエリを実行すると「並べ替え伝票」が更新されます。

　この「並べ替え伝票」データを使って3章で紹介したピボットテーブルを作成すれば、さまざまな分析を行うことができます。

● エクスポートでも業務効率に差が出る

　Accessでコンバートしたデータを使うには、当然ですがエクスポートする必要があります。データのエクスポート先をどこにするかで業務効率に差が出ます。

　本書ではデスクトップを保存先にして説明していますが、実際の業務でデスクトップ上にアイコンが多くなると、ファイルを探すのに時間がかかります。専用のフォルダを作成・指定してエクスポートするように設定することをおすすめします。

活用テク 58 Accessのデータをエクスポートする

ここが重要
エクスポート操作を保存すれば、次回からのエクスポートが楽になります。

1 217ページで作成したデータ、またはサンプルデータを開きます。

サンプルデータ
chapter4 ▶ chapter4_18.accdb

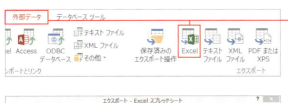

1 テーブル「並べ替え伝票」を開いた状態で、「外部データ」タブの「エクスポート」から「Excel」をクリックします。

2 「エクスポート - Excelスプレッドシート」ダイアログボックスが開くので、「参照」をクリックします。

3 エクスポート先を設定します。ここではデスクトップにし、「保存」をクリックします。

219

活用テク 58 Accessのデータをエクスポートする

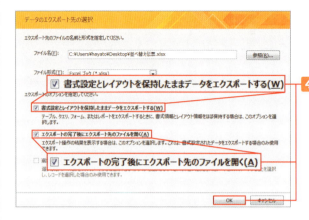

4 エクスポートのオプションを指定します。「書式設定とレイアウトを保持したままデータをエクスポートする」と「エクスポートの完了後にエクスポート先のファイルを開く」にチェックを入れて、「OK」をクリックします。

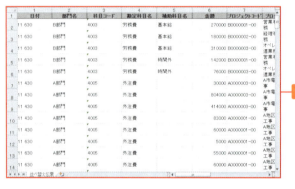

5 自動的にExcelが開きます。

6 Excelを閉じるとダイアログボックスが開きます。「エクスポート操作の保存」にチェックを入れると、保存するエクスポート名を入力する欄が表示されるので、任意の名前をつけます。ここでは変更せず「エクスポート - 並べ替え伝票」のまま、「エクスポートの保存」をクリックします。エクスポートの設定完了です。

完成サンプル
- chapter4 ▶
- chapter4_19.xlsx

Chapter 4-11 Accessの作業をワンクリックで行う

Accessのマクロを作成して、これまで解説してきた操作をワンクリックでできるようにします。Accessマクロは作成も難しくないので、効率化のために覚えることをおすすめします。

　AccessのマクロはExcelのように操作を自動記録する機能ではなく、Accessのさまざまな処理を組み合わせて一括で行うことができるオブジェクトです。マクロのよいところは、プログラミングの知識がなくても、アクションと呼ばれるAccessの処理単位を組み合わせることで、複数処理を一括で行えるプログラムを作ることができる点です。

　先ほど作成したテーブル作成クエリや追加クエリは、クリックすることで実行されるプログラムですが、1つ1つ実行するのは手間です。マクロを利用すれば、「テーブル作成クエリを実行した後に、追加クエリを実行する」という作業を1クリックで行うことができます。

　これまで行ってきた処理は、以下の8つです。

① 伝票データ（chapter4_8.txt）のインポート
② 勘定科目データ（chapter4_9.csv）のインポート
③ プロジェクトマスターデータ（chapter4_10.csv）のインポート
④ 「借方伝票」クエリの作成
⑤ 「貸方伝票」クエリの作成
⑥ 「借方伝票」クエリをテーブル作成クエリに変更し、新しいテーブル「並べ替え伝票」を作成
⑦ 「貸方伝票」クエリを追加クエリに変更して、「並べ替え伝票」に追加
⑧ 「並べ替え伝票」をエクスポート

このうち、①⑥⑦⑧をまとめて処理するマクロを作成できます。大幅に時間短縮できるので、ぜひ覚えておきましょう。

活用テク 59 Accessマクロを作成する

ここが重要

マクロでは、「アクション」を設定していきます。

1 217ページで完成したデータ、またはサンプルデータを開きます。「作成」タブをクリックし、「マクロ」をクリックします。

サンプルデータ
chapter4 ▶ chapter4_18.accdb

2 ドキュメントにマクロオブジェクトが開きます。この時点で保存しておきましょう。保存ボタンをクリックします。

3 ここでは「マクロ名」に「ピボット用データ作成マクロ」と入力して、「OK」をクリックします。

活用テク59 Accessマクロを作成する

4-11 Accessの作業をワンクリックで行う

4 タブの名前が変更され、ナビゲーションウィンドウに「ピボット用データ作成マクロ」が追加されます。

5 「アクションカタログ」の「データのインポート/エクスポート」から、「保存済みのインポート/エクスポート操作の実行」をダブルクリックすると、ドキュメントにアクションが追加されます。

注意! デフォルトの状態では、アクションカタログに「保存済みのインポート/エクスポートの実行」がありません。「デザイン」タブの「すべてのアクションを表示」をクリックすると、アクションカタログに表示されるアクションが増えます。

6 「保存済みのインポート/エクスポート操作の名前」を設定します。コンボボックスより「インポート - 伝票」を選択します。

MEMO 以前の操作で保存したものがコンボボックスで表示されます。

223

活用テク59 Accessマクロを作成する

7 アクションカタログの「フィルター/クエリ/検索」から「クエリを開く」をダブルクリックして、マクロに追加します。

8 「クエリ名」で「借方伝票」、「ビュー」で「データシートビュー」、「データモード」で「編集」を選択します。

9 「新しいアクションの追加」のコンボボックスから、「クエリを開く」を選択します。

10 同様に、「クエリ名」で「貸方伝票」、「ビュー」で「データシートビュー」、「データモード」で「編集」を選択します。

活用テク59 Accessマクロを作成する

4-11 Accessの作業をワンクリックで行う

11 「新しいアクションの追加」のコンボボックスから、「保存済みのインポート/エクスポート操作の実行」アクションを追加します。

12 「保存済みのインポート/エクスポート操作の名前」のコンボボックスから「エクスポート - 並べ替え伝票」を選択します。

13 「ピボット用データ作成」のマクロが作成されます。「保存」ボタンを押して上書きすると、マクロを実行する準備が整います。

MEMO マクロの画面では、アクションの項目が長くなってしまいます。「すべて折りたたみ」をクリックすると見やすくなります。

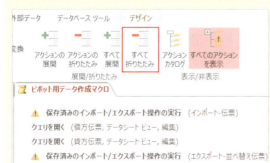

◀「すべて折りたたみ」を適用した例

225

活用テク 60 Accessマクロを実行する

ここが重要
いろいろ聞かれますが、気にせず「はい」を選択してください。

1 作成したマクロを実行してみましょう。ナビゲーションウィンドウの「ピボット用データ作成マクロ」を選択した状態で、「デザイン」タブの「実行」をクリックします。

2 クエリを実行したときに表示されるメッセージボックスが数回表示されるので、すべて「はい」をクリックしてください。

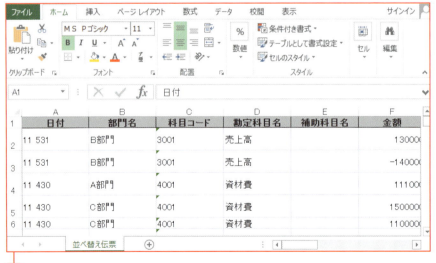

3 「並べ替え伝票.xlsx」が自動で開いたら完成です。

活用テク 61

メッセージボックスが表示されないように設定する

ここが重要

マクロを実行するとメッセージが表示されるたびに「はい」を何度もクリックするのは手間です。そこで、メッセージが表示されないようにマクロを編集します。

1 「ピボット用データ作成マクロ」を選択した状態で右クリックし、「デザインビュー」を選択します。

2 アクションカタログの「システムコマンド」から「メッセージ設定」をダブルクリックしてマクロに追加します。

MEMO メッセージの表示は「いいえ」のまま大丈夫です。

3 緑の矢印をクリックして、「メッセージの設定」アクションを一番上へ移動します。これでアクションクエリ実行の確認のメッセージが表示されなくなります。

完成サンプル
chapter4 ▶ chapter4_20.accdb

Chapter >> 4-12 Accessで大量のデータを加工する

4章の仕上げとして、Accessのデータからピボットテーブルを作成します。Accessの長所であるデータ量と、ピボットテーブルの長所である分析しやすさを組み合わせて活用しましょう。

● Accessからピボットテーブルを作成するメリット

　Accessのテーブルデータを参照してExcelのピボットテーブルを作成できます。通常の業務では、Excelからピボットテーブルを作成していても問題はありませんが、Accessならではのメリットがあります。

　違いは扱えるデータ量にあります。Excelのみでピボットテーブルを作成する場合、Excel 2013の最大レコード数である1,048,576行が扱えるデータ量の上限です。それに対して、Accessのテーブルデータを利用してピボットテーブルを作成する場合、1,048,576行以上のデータを扱うことが可能です。

▼ピボットテーブルで大量のデータを処理できる

活用テク 62 Accessのデータからピボットテーブルを作成する

ここが重要

AccessからExcelのピボットテーブルを作成して、データコンバートは完了です。

1. 新規Excelファイル（空白のブック）を開き、「挿入」タブの「ピボットテーブル」をクリックします。

2. 「ピボットテーブルの作成」ダイアログボックスが表示されます。「外部データソースを使用」にチェックを入れ、「接続の選択」をクリックします。

3. 「参照」をクリックします。

活用テク 62 Accessのデータからピボットテーブルを作成する

4 227ページで完成したAccessファイル、またはサンプルデータを選択して、「開く」をクリックします。

サンプルデータ
chapter4 ▶ chapter4_20.accdb

5 Access内のテーブルオブジェクトがリスト表示されます。「並べ替え伝票」を選択し、「OK」をクリックします。

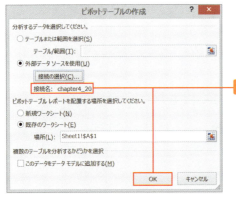

6 接続名に選択したファイル名が表示されます。「OK」をクリックします。

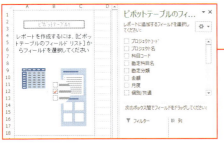

7 Excelから作成した場合と同じように、ピボットテーブルのフィールドが表示されます。ここからの操作は、Excelと同様です。

完成サンプル
chapter4 ▶ chapter4_21.xlsx

第 5 章

データ収集の効率化

Excelの活用が本書のテーマですが、データ収集はExcelに向いていません。無理にExcelを使おうとすると、かえって手間になってしまいます。5章では、システムを利用したデータ収集と、それをExcelで活用する方法について解説します。

Chapter 5-1 効率的で効果的なデータ収集をする

これまで、ExcelやAccessでのデータ整理について解説してきました。ここでは、どんなデータをどうやって集めるのがよいのか、データ活用以前の収集に対する考え方について解説していきます。

欲しいデータが常にあるとは限らない

3章ではピボットテーブル、4章ではCSVとピボットテーブルで使うためのデータの生成について説明しました。どちらもすでにデータが揃っている（いわゆる、データベースにおける「テーブル」になっている）状態で、そのデータをどのようにExcelで加工して利用するかという内容でした。

しかし、欲しいデータが常にあるとは限りません。また情報があっても、それが紙やバラバラのExcelファイルになっている場合、それらをすべて手作業でテーブル化するには情報整理に膨大な時間がかかります。一方、すべての情報がテーブルになっていれば、検索や集計などをして、さまざまな要望に応えることができます。

詳細な情報をデータで集めることが重要

この章では、システム化によるデータの収集方法について解説します。経理としてExcelを活用するには、いかに詳細なデータを収集できるかがカギとなります。詳細なデータをまとめることは簡単ですが、おおまかなデータを分解するのは困難な作業です。

例えば売上の収支を見るときに、会社全体での収支なのか、部門単位での収支なのか、個別のプロジェクトごとの収支なのかで、収支分析をできるレベルが違います。

しかし、詳細な情報を集めるのもまた大変です。データ作成者は記入項目が増えますし、承認者や集計者は確認作業や手入力作業が増えます。

●「効率的」かつ「効果的」なデータ収集

●「効率的」なデータ収集とは

そこで求められるのが「効率的」に「効果的」なデータを収集する方法です。「効率的」というのが大事で、例えば紙で提出された書類を手入力でデータにするというのは、効率が悪いです。ただでさえ時間がかかる上、手入力によるミスが生じる可能性がありますので、入力の誤りがないかの確認も必要になります。「効率的」に行うのであれば、こういった「手入力」や「確認作業が何度も必要」といったことがないような方法でなくてはなりません。

イメージとしては、各担当者から申請されるデータをそのまま財務会計ソフトへ仕訳データとして取り込めるような方法が効率的です。そのためには紙の書類による処理をやめるのはもちろん、Excelで行っている処理もできるだけなくした方がよいです。

▼各担当者から会計ソフトに仕訳データとして取り込む

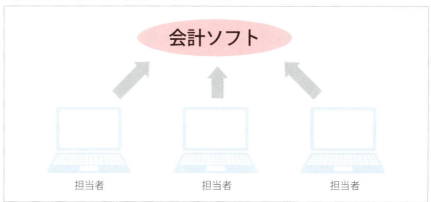

●「効果的」なデータ収集とは

「効果的」というのは、経営者や管理者が欲しがっている情報が得られているかということです。経理が求められているのは、経営者や管理者が判断するための情報を提供することです。財務会計情報はもちろん、仕訳になる取引以前の見込み顧客の情報や受注情報など、いわゆる管理会計情報が求められています。

見込み情報はその部署内、または担当者個人が持っていて、会社全体としてどれだけの見込みがあるのかを可視化できていないということが多々あります。

受注情報は、受注に基づいて請求行為がなされていたり、前受金としてお金を受領していたりする場合には仕訳をすることができます。ただし、契約書を取り交わしただけでは、会計における取引ではないため仕訳することができません。他にも、「受注＝売上」の契約なのか、「受注≠売上」の契約なのかも重要な情報になります。

▼担当者の「見込み」は仕訳できないが重要な情報

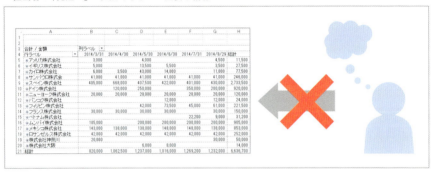

　3章、4章では会計ソフトからエクスポートしたデータを集計して利用する、いわゆる財務会計データについて書きました。5章も財務会計ソフトでインポートするための仕訳データの効率的な収集について主に解説しますが、管理会計的な内容も少し交えていきたいと思います。

Chapter 5-2

Excelはデータ収集に向かない

Excelはデータ整理・加工には大変優れていますが、収集するのは不得意です。それはなぜでしょうか。普段の業務で幅広く使われているので、苦手なことなどないように思えるExcelですが、実はそこに弱点があるのです。

● 自由度の高さがアダになる

　経理としてExcelを活用するには、詳細な情報を効率的に収集できるかがカギであると書きました。この本のテーマは「Excelの活用」ですが、データ収集にExcelは向いていません。

　Excelはその多機能さ・自由さゆえに、報告書の作成、案件管理、顧客管理、見積書や請求書の作成まで幅広く利用されます。セルのサイズを自由に変更できますし、セルを結合することによって、レイアウトを自由に変えることもできます。しかし、その自由さが、逆にデータ収集には向かない原因になってしまうのです。

● セルに入っているデータのみを取り出すのは困難

　Excelの場合、セルごとにデータが入力されます。セルに入っているデータのみを取り出すのは大変です。

　例えば、Excelで作成した請求書があったとします。ある部署から「A株式会社に『いつ』『いくらで』売上があったのか知りたい」というような要望があった場合に、請求書が1枚だけであれば目で見て確認できますが、何百枚も何千枚もある請求書からA株式会社の情報だけを取り出すのは大変です。

● どのようにデータを集めればよいか

　ではどのような形がよいかというと、セルに入力したデータがテーブルとして蓄積される形です。次ページの図のように、左側の「請求書」に入力した内容が、右側の「会社データ」としてテーブルデータが作成されるような仕組みです。請求書ごとの会社データを1つのシートにまとめてピボットテーブルで集計すれば、会社

ごとにいつ、いくらの売上を上げたかわかります。

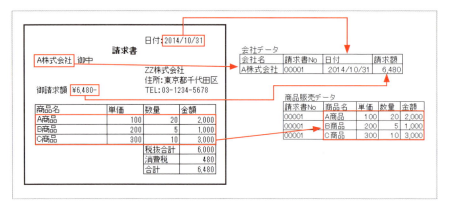

● 紐づけできるデータにする

　この請求書のケースでは、会社データだけでなく商品販売データも作成できます。商品販売データを集めれば、どの商品がいくつ売れたかの情報も集計できます。会社データと商品販売データは「請求書No」で紐づけられているので、どこの会社に、いつ、どの商品を販売したかを集計することも可能です。

　しかし、このようにExcelで作成した場合も「会社データ」や「商品販売データ」は作成できますが、1つの請求書に対して1つしかデータがないので、すべてのデータをまとめるのが手間です。

◎ Excelでのデータ収集は高度なスキルが必要

　ExcelでもVBAとフォーム機能を組み合わせて、入力したデータを指定したテーブルに収集することはできます。しかし、それにはプログラミングのスキルが必要となります。

　実際にExcelVBAを使って書類を作成しているという会社はあります。しかし、サポート体制がきちんとしている状態での運用であることは少なく、プログラミングに詳しい社員が作成したものを運用しているケースが多いです。設計した社員が保守サポートをしているうちはよいですが、退社したり部署を異動したりした場合、不具合に対して対応できなくなることがあります。もちろん、仕様書を作成して他の社員に引き継ぎが行われていれば問題ないのですが、漏れのない完璧な引き継ぎ

は、なかなかされるものではありません。

　他にも、OSのバージョンが上がったり、Excelのバージョンが上がったりしたときに、それまで動いていたVBAが動かなくなるといった事態も起こり得ます。マクロやVBAは個人の業務効率向上に利用するのはよいですが、会社全体で利用するデータの収集に使うのは、おすすめしません。

● ExcelにはExcelの役割がある

　データ収集はシステムに任せられないかを念頭に考えるようにしましょう。近年、数多くのクラウドサービスが出てきています。その中から自社に適したものが選択できれば、迅速にコストを抑えたシステムを導入できる環境にあるといえます。Excelはあくまでシステムや会計ソフトのデータを集計分析するために活用した方がよいでしょう。

Chapter >> 5-3 システム化とは

近年はさまざまなシステムを提供する会社が増えています。業務をシステム化するとはどういうことなのか、解説します。その上で、会社にとって望ましいシステムの形について考えていきます。

システム化とは

　システム化の前にそもそも「システム」とは何を指すのかを確認しておきます。辞書を引くと、「個々の要素が有機的に組み合わされた、まとまりを持つ全体」「コンピューターで、組み合わされて機能しているハードウエアやソフトウエアの全体」(『大辞林 第三版』(三省堂)より抜粋)といった意味があります。

　以上から、複数の要素が組み合わさった「仕組み」であると理解できます。つまりシステム化とは、仕組みを設計することといえます。

望ましい仕組みとは

　では、どのような「仕組み」を設計するのが望ましいのでしょうか。それは、誰が作業しても同じものが作成される、もしくは同じ結果になる仕組みです。

　システム化は必ずしもコンピュータを導入するということではありません。マニュアルを整理し、わからなくなったときは必ずマニュアルを見て処理を行うのであれば、誰が作業しても同じ結果になるはずなので、システム化されているといえます。「紙」か「Excel」か、ということは関係ないのです(仕組みに変更や不備が生じた場合に、すぐにマニュアルを更新する決まりで運用がなされていることが必要となりますが)。

　例えばExcelの場合、入力制限設定を行うことで、リストからしか選択できないようにできます。ただしExcelファイルだと、書類のテンプレートが更新されているにもかかわらず、各自がパソコン上でファイルを持ってしまって、旧バージョンのテンプレートを利用してしまう可能性があります。書類を作成する際に、必ず新しいテンプレートを使うように徹底されればよいのですが、同じような内容で書類

を作成する場合、作成済みの書式をコピーして作成する人の方が多いかもしれません。同じ書類にも関わらず、複数パターンのテンプレートが利用されているという状態は、システム化されているとはいえません。

▼入力制限設定の例

	A	B	C	D
1	月日	用途	支払先	備考
2	1月23日	▼		
3		通信費		
4		広告宣伝費		
5		接待交際費		
6		消耗品費		
7				
8				

● コンピュータによるシステム化

　コンピュータ導入によるシステム化は、記入漏れや記入ミス、想定外入力などの人的エラーを防ぐことにより、マニュアルを完全に把握していなくても、誰でも同じ処理ができるようにするためのものです。

　今後の説明の中で出てくる「システム化」とは、「コンピュータを利用した仕組みの設計」を意味していると理解してください。

Chapter 5-4 システム導入には現状把握が重要

システム化の意味を知ったところで、実際にシステムを導入するにあたって必要な事柄を考えてみましょう。まず、現在抱えている問題や不便なことを把握して、それらを解決できるようなものを探すことが重要です。

現状把握をする

　システム化とは「仕組みを設計すること」と書きましたが、ゼロから仕組みを設計する必要はありません。既存で動いている仕組みがあるからです。

　まずシステム導入には、現状の仕組みを確認する必要があります。筆者はシステムを導入する際、簡単な業務のフローチャートを作成しました。業務のフローチャートに従い、作成されている書類を集め、それぞれの書類に記載している内容が何の目的で必要なのかを把握しました。すでにマニュアルがあるなら、それを利用するとよいでしょう。

システム化の例

「請求書を発行する行為」を例に考えてみます。

● システム化以前

申請者は売上伝票を作成し、承認者に承認印をもらう

承認された売上伝票を経理に渡す

経理が請求書を作成して、担当者に渡す

経理は請求書の内容を元に会計ソフトに伝票起票する

これも「仕組み」ではありますが、さまざまな問題点があります。

問題点①　書類を紛失する可能性がある

承認者が不在の場合は、申請者から経理に売上伝票が上がってきます。経理が請求書を作成し、売上伝票を承認者へ戻します。それから承認者が捺印をして、また経理へ戻す流れになります。

書類があちらこちらと回覧されるので、紛失してもおかしくありません。未処理のものがどこにあるのかの把握もしにくくなります。

問題点②　手入力作業が手間

紙の売上伝票で経理に書類が届くので、手入力する手間がある上、ミスが生じる恐れがあります。売上伝票が間違っていたのか、請求書にしたときに間違ったのか、つまりどの部署の誰がミスをしたのかという犯人捜しが始まる可能性もあります。

また、手入力によるミスが起きた場合、「手入力後に複数担当者がチェックする」といった対策をするような、さらなる非効率作業が発生することがあります。

問題点③　経理が不在の場合に請求書が作成できない

得意先によっては、月末締めですぐに請求書を作成してほしいと要求されることがあります。もしその日が休日の場合、経理へ請求書作成のため出勤の依頼をする必要があります。

問題点が洗い出せたら、どのようにシステム化すれば改善されるかを考えていきましょう。

● システム化以後

売上伝票をシステムに登録すると、承認者に承認依頼が自動通知される

承認者が承認すると、申請者は請求書を作成する

経理は売上伝票データをCSVでエクスポート、
会計ソフトにインポートして伝票起票をする

システム化する前は、申請者はExcelで作成した売上伝票をプリントアウトし、

承認をもらい、経理に提出して請求書の作成を依頼する流れでした。売上集計と債権管理をする部署が経理であるため、経理を経由しないと請求書が発行されない仕組みでした。

　変更後は、承認者が承認したものについては、申請者が請求書を作成できるように変更しました。経理の立場としては、売上情報が収集できるのであれば、申請者が請求書を作成した後に売上伝票をもらう運用で問題ないのです。承認後の売上伝票は削除できない設定にしているので、請求金額と売上金額が不一致になることはありません。　また、承認者の承認行為は、それまでは出張していたり、外出していたりする場合には承認できませんでしたが、外部にいても承認できるようになりました。

システム導入のハードル

　新しい「システム」を導入するには、さまざまなハードルがあります。例えば以下のようなことです。

・各所からの要望に対するバランス
・現状変更への拒否反応
・コストに見合う効果があるか
・導入するシステムの選定

　新しく導入するシステムの利用範囲が広ければ広いほど、いろいろな要望が出てきます。1つの部門で完結するシステムであれば、意見をまとめるのは難しくありません。しかし、全社的に利用するようなシステムの場合、一部門の最適化ではなく、全社の最適化という視点で考えなくてはなりません。

　現状変更への拒否反応もあります。人は物事が変わることに抵抗があります。たとえそのシステムによって大幅に便利になるとしても、そのイメージを共有できていなければ利用者から芳しい反応はもらえません。こういったことからも全社的なシステムを導入する場合、旗振り役の役割はとても重要になります。

Chapter >> 5-5 システム化によるメリット

システム化のメリットを上げてみます。これは筆者が実際にパッケージのシステムを使って社内の業務フローをシステム化して感じた内容です。現場の例として、参考にしてください。

● 自動システム導入の主なメリット

● ルールの明確化

　決められた手順でなければ、各種申請書類を作成できないようにしました。それまでは、決められた手順でなくても書類が作成できてしまったため、必要な書類がきちんと作成されているかを、管理者もしくは事務担当者が確認する必要がありました。

● 二度手間がなくなる

　申請行為を紙で行っている場合、当たり前ですが最終集計者には紙で回ってきます。最終集計者とは、会計関係帳票であれば経理であり、勤務表であれば総務もしくは人事です。それらは会計ソフトや給与ソフトに手入力されます。

　システム化することにより、申請者が申請したデータをそのまま仕訳データとして利用したり、給与データとして利用したりすることが可能になりました。申請者が入力した内容をそのまま利用するので、手入力による二度手間も、入力漏れや入力ミスもなくなりました。

● 制御する

　紙やExcelの場合、記入事項に不備があったとしても作成できてしまいます。そのため、不備がないかを承認者や最終集計者が確認する必要があります。システム化により入力制限を設定することが可能になり、入力漏れや入力不備が減りました。

　例えば、「入力必須項目に記入がない場合に申請不可」「一意項目なのに、すでに提出済みの場合に申請不可」といったような設定することができます。

● **自動で通知する**

　ワークフローシステムの機能で、承認者に対して「承認依頼メール」で通知する仕組みです。また、作成した申請書類を知らせておきたい人に対して通知メールを送ることができます。別途メールで伝える必要がないので、連絡を失念することがありません。

　その他にも、期限設定や数量設定をしておくことで、設定値になると通知メールを送る（アラート機能）こともできます。

● **検索できる**

　申請書類のフィールドごとで検索が可能です。完全一致でなくても検索できるため、そのフィールドに含まれる一部の情報でも検索結果で抽出されます。検索結果は一覧リストで表示されます。検索条件は申請者や申請期間など、さまざまな条件を設定することができます。

● **共有できる**

　作成された申請書類は、ネットワークにつながっていれば誰でも閲覧できます。閲覧権限を設定すれば、閲覧できる人を制限することも可能です。

　ネットワークで共有できれば、支店や営業所が各地にあっても容易に確認できます。

● **未処理の書類を把握できる**

　承認依頼の通知メールやアラートメールが送られてきても、すぐに処理できるとは限りません。その場合、承認や発注が未処理のリストや件数が表示され、処理されない間は表示され続けます。未処理のアラートメールが送られてくる設定にもできます。

● **処理ログの可視化**

　申請日、承認日、差し戻し日、編集日など、その書類に対して行われた処理日を記録として残せます。申請した書類の決裁状態を確認できるので、急ぐ場合は未処理者に依頼することができます。

● 更新がすぐに反映される

　作成する書類テンプレートは必ず最新のものが表示されます。経営者や管理者の要望により欲しい情報を収集する場合に、テンプレートを変更して入力必須項目にすることで、必要な情報収集をリアルタイムに反映できます。

● CSVのエクスポート

　書類に入力されたデータをさまざまな条件でエクスポートできます。売上伝票データや外注費伝票データをエクスポートし、会計ソフトにインポートして伝票を起票できます。

● 集計機能

　書類の指定した情報をもとに集計できる機能を利用して、さまざまな集計値を提供できるようになりました。

　例えば、売上伝票を集計して部門別・月別でクロス集計したものを、いつでも閲覧できます。各担当者が提出して承認された時点で反映されるため、それまでは経理に確認するか、定例会議の資料を待たなければいけなかったものが、すぐに確認できる状態になりました。

● ペーパーレス化

　筆者の会社が紙で運用していたころは、10cm厚のファイルが年間40冊くらいのペースで増えていました。バラバラに提出される書類を特定のファイルごとに保管していて、バインダーから外して、ファイルして、戻してと、とにかく面倒でした。

　システム化したことにより、ファイルはデータで保存されているため、プロジェクト番号で検索すれば、一連のデータを抽出することもできるようになりました。もちろん得意先や外注先からもらう注文書や請求書などのファイリングは必要ですが、ファイリングする書類は格段に減りました。

Chapter 5-6 システムで見込み情報を把握する

会計ソフトでは得られない「見込み情報」も、会社の経営を考えると重要な情報です。「見込み情報」はどのような役割を果たすのか、「財務会計」と「管理会計」の違いも含めて解説します。

見込み情報とは

情報収集はExcelに向かないと書きました。特に流動的な情報収集には向きません。流動的な情報とは、受注見込みなどの未来の情報で、会計では「管理会計」にあたるものになります。業績予想・意思決定を行うために必要となる情報で、実績情報である「財務会計」と同様に重要な情報です。

「財務会計」と「管理会計」

「財務会計」と「管理会計」の違いは、法規制の有無にあります。「財務会計」は、企業会計原則や商法、金融商品取引法、法人税法などの法の規則があるのに対し、「管理会計」は法の規制を受けません。

繰り返しますが、「管理会計」は業績予想・意思決定を行うために必要となる情報です。そのためには、どのような情報が必要なのかを考えて収集する仕組みを構築する必要があります。

財務会計と管理会計の情報の違いを簡単に表すと次ページの表のようになります。

▼財務会計と管理会計の違い

会計カテゴリー	情報の性質	受注状態	段階	段階の振分け指針
管理会計	未来予測	未受注	01 あいさつ	名刺交換した等、個人と話ができるという状態
			02 提案・ネタ	こちらから具体的な提案を切り出したり、相手の課題を聞いた状態
			03 参考見積	「とりあえず」依頼されたもの
			04 正規見積	「本気」で検討して依頼されたもの
			05 ほぼ確定	感触として間違いなく注文がもらえるだろうという案件
		受注済	06 確定	契約書、注文書等を交わしている、実働している案件
財務会計	過去実績	受注済	―	請求等が発生している状態

　会社によって段階をどこまで細分化して把握するかは異なりますが、だいたい上表のようになると思います。見てわかるように、それぞれの段階についての振分け指針は提示していますが、担当者本人の実感にも左右されます。また、昨日まで「ほぼ確実」と思っていた案件も、今日になって断りが入る可能性は十分あります。

上長が見込み案件をフォローできる体制にする

　これらの流動的である情報をExcelで管理するのは大変です。例えば、各担当者が見込み管理をExcelのシートで管理している場合、段階や状況の変更に応じて更新し、上長に状況を報告する必要があります。しかし、その報告も口頭なのか、紙なのか、メールなのか、自分の管理しているExcelファイルを渡すのか、いずれにしても上長の負担は大きいです。このような流動的で管理が面倒な情報こそ、データベース化して一元管理し、そこにアクセスすれば常に最新の情報が得られるような仕組みを構築すべきです。

　上長の仕事は見込み情報を集めることではありません。見込み案件を把握し、受注に結び付くようにすることが仕事です。情報の収集や集計はシステムに任せ、見込みの段階に応じて適切なフォローをすることに注力できる環境が大事です。データベースになっていて、そこからデータを取得しExcelで整理すれば、管理会計に活用できるような資料を作成するのも簡単です。

　例えば、次ページの表（ある月の損益計算書）を見てください。もし同じような売上で推移した場合、赤字になってしまう可能性があります。そこでコスト削減とあわせて、見込みリストを検証する必要があります。

▼損益計算書の例

単位:円	A部門	B部門	C部門	全社共通	営業部	管理部	総計
01 売上	34,590,000	15,450,000	13,200,000	0	0	0	63,240,000
02 売上原価	−31,582,265	−13,397,793	−11,757,900	−1,890,000	0	0	−58,627,958
03 販管費	0	0	0	0	−1,923,846	−3,194,256	−5,118,102
04 営業外	0	0	0	0	0	−82,700	−82,700
総計	3,007,735	2,052,207	1,442,100	−1,890,000	−1,923,846	−3,276,956	−588,760
利益率	8.70%	13.30%	10.90%				

● 資金繰りの資料としての情報収集

　見込み案件の情報は、管理会計として経営者に対して情報提供すると同時に、資金繰りのための情報として重要になります。資金繰りとは、日々の支払いに対してキャッシュが足りないことがないように、お金を管理することです。

　現金商売以外の場合、請求してから実際にお金が振り込まれるまで時間があります。得意先との契約により、現金化されるタイミングも異なります。支払いについても、請求が来てから実際にお金を支払うまでに時間があります。それ以外にも給与支払いや税金、社会保険料の納付などもあります。

　資金繰りをどれくらい先まで考えるかは、会社ごとにルールがあります。ただし、少なくともおよそ3カ月先まで作成する必要があります。その際に利用するのが管理会計の情報です。利用する情報は、「ほぼ確定」と「確定」段階のものです。これらに財務会計での実績値を加え、作成します。確実ではないけれど、予想される入出金が把握できているならば、「資金繰り表」に入れておく必要があります。

活用テク 63

システムで収集した見込み情報を Excel で活用する

ここが重要

システムからエクスポートした見込みリストを、Excelで加工して活用できるようにします。

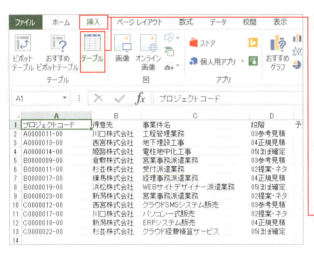

1. サンプルデータ「chapter5_1.xlsx」のシート「見込みリスト1」を開きます（実際の業務では、システムからエクスポートしたデータをExcelに貼り付けます）。

サンプルデータ
📁 chapter5 ▶
📄 chapter5_1.xlsx ▶
シート「見込みリスト1」

2. データ内のセルを選択した状態で、「挿入」タブから「テーブル」をクリックします。

3. 「テーブルの作成」ダイアログボックスが開きます。「OK」をクリックします。

4. テーブル名を「見込みリスト」に変更し、「ピボットテーブルで集計」をクリックします。

249

活用テク63 システムで収集した見込情報をExcelで活用する

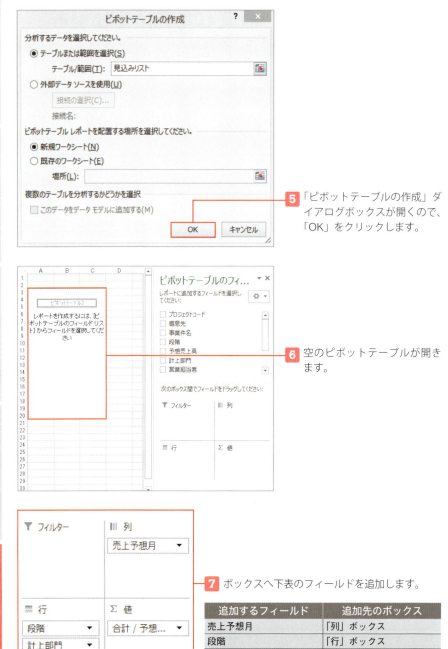

5 「ピボットテーブルの作成」ダイアログボックスが開くので、「OK」をクリックします。

6 空のピボットテーブルが開きます。

7 ボックスへ下表のフィールドを追加します。

追加するフィールド	追加先のボックス
売上予想月	「列」ボックス
段階	「行」ボックス
計上部門	「行」ボックス
予想売上高	「値」ボックス

活用テク 63 システムで収集した見込み情報をExcelで活用する

8 ピボットテーブルが作成されます。

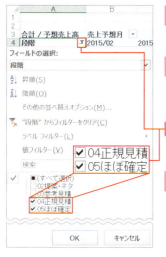

MEMO 「値」ボックスの「合計/売上高」を、桁区切りに設定しています。

MEMO B3セルの「列ラベル」を「売上予想月」に、A4セルの「行ラベル」を「段階」に、それぞれ書き換えています。

9 必要な情報だけを表示するように、「段階」のフィルターで「04正規見積」と「05ほぼ確定」にチェックを入れます。

MEMO 「デザイン」タブの「小計」で、小計が末尾に表示されるように設定しています。

10 見込み情報として必要なリストができます。

完成サンプル
chapter5 ▶ chapter5_1.xlsx ▶ シート「見込みリスト2」

このピボットテーブルから検証すべきは2点です。1つは、受注予想月が今期になっているものを、その通り今期に受注できるのか。もう1つは、来期受注予想になっているものについて、今期に前倒しの受注をして売上計上が可能なものがないかです。

Chapter 5-7 クラウドサービスでシステム化が容易に

昨今はクラウドサービスが普及してきています。いつでもどこでもインターネットにつながる今、大いに検討の余地があります。筆者が利用しているサービスや、統計情報も紹介するので、参考にしてみてください。

クラウドサービスがシステム化を促進する

近年普及してきたクラウドサービスを使えば、インターネットを通じて柔軟な運用ができます。例えば、複数の営業所があっても特別な設定をせず利用できます。また、スマートフォンや家のパソコンからでも申請手続きをすることができます。以前であれば、会社全体のシステム導入は、自社開発やパッケージでの導入が一般的でした。パッケージをそのまま導入するのは難しく、自社運用に合うようにカスタマイズする必要があり、予算よりもはるかに高い費用が発生するという話をよく聞きます。そのため、初期費で数百万あるいは数千万円かかり、加えて毎年の保守維持費で何十万円もかかるのが普通でした。そうなるとお金に余裕がある会社ならまだしも、中小企業が投資するにはかなりの決断が必要となります。さらに、思い切って投資してシステムを構築したとしても、将来そのシステムが陳腐化してしまう可能性は十分あります。

多くのクラウドサービスの場合、無料でテスト運用をすることができます。また、利用者を絞って運用を開始することも可能です。例えば1つの部門に絞って利用してもらい、全社的に利用できるものだと判断すれば、利用領域を広げることができます。クラウドサービスの一部の機能だけを利用して、その他のサービスにも手を広げていくといった方法も可能です。

他の利点としては、各社からの要望をサービスにフィードバックして、自動的にバージョンアップしてくれる点があります。そのため、利用者側でソフトをアップデートする必要がありません。

将来的に社内のシステムは、パーツを組み合わせるだけでシステム構築されるクラウドサービスに切り替わっていくと筆者は予想しています。

経理業務を効率化させるクラウドサービスの例

実際に筆者が勤めている会社で利用しているクラウドサービスを簡単に紹介します。

● 楽楽精算（経費精算システム）

経理業務の中でも作業量が多く、手間がかかるのが経費精算です。営業社員など外出する社員が多くいる会社では、それだけ交通費精算の量が多くなります。交通費精算は他の精算と異なり、領収書等の証憑がないため確認作業が大変です。また定期券区間に重なる区間の申請がなされていないかのチェックも必要です。

楽楽精算は乗換案内のジョルダンと連携しており、経路検索した結果の金額をそのまま精算金額として取り込んで申請することができます。申請者の定期券区間を登録しておけば、自動的に除外されるので、申請者もチェックする側も手間が省けます。

● x-point（ワークフローシステム）

オリジナルのフォームを作成できる多機能のワークフローシステムです。稟議書や申請書を電子申請、電子承認をもらうためのシステムですが、書類検索や書類内の金額をクロス集計する機能も兼ね備えています。

また多様なカスタマイズをプログラミングの知識がなくても行うことができるので、見込み管理から見積書の作成、請求書の作成、売上管理、支払管理、入金管理などを行っています。クラウド版の他にも、社内サーバーにインストールして利用できるタイプもあります。

● 楽楽請求（Web明細システム）

Web明細は、最近のWebサービスのトレンドの1つになっています。見積書や請求書、給与明細をWeb上に作成し、メールで送信、もしくはWeb上から明細を取得してもらうサービスで、郵送の手間や郵送費の削減が期待できます。筆者の勤めている会社では、これではない別の給与Web明細サービスを利用していますが、将来的には請求書等もWeb明細にしたいと考えています。

● Giポータル（通信料金一括サービス）

　経費の中でも、請求書が多くなりやすいのが通信料金にかかるものです。固定電話、固定通信、携帯電話、携帯通信と通信形態も通信キャリアも多様なためです。それらの異なる通信契約、異なる通信キャリアをまとめて、PDFやExcel、テキストのデータにして請求してくれるのがGiポータルです。このデータを利用し、会計ソフトに取り込むための仕訳データを作成しています。

> **MEMO** 総務省が2014年6月にまとめた「平成25年通信利用動向調査」から、クラウドサービスの調査結果を紹介します。この調査では、約3割の企業がクラウドサービスを導入しています。
>
> ▼総務省「平成25年通信利用動向調査」
> URL http://www.soumu.go.jp/johotsusintokei/statistics/data/140627_1.pdf

	全社的に利用している	一部の事業所又は部門で利用している	利用していないが、今後利用する予定がある	利用していないし、今後も利用する予定もない	クラウドサービスについてよく分からない
平成23年末 (n=1,892)	9.2%	12.4%	22.1%	36.3%	20.0%
平成24年末 (n=2,071)	13.6%	14.7%	20.3%	34.6%	16.9%
平成25年末 (n=2,183)	15.0%	18.0%	17.5%	34.4%	15.0%

Index 索引

英数字
- A1参照形式 166, 177
- BS 64, 69, 205
- PL 64, 69, 128, 205
- R1C1参照形式 166

あ
- 値ボックス 66
- 意思決定 15, 246
- 一致検索 38
- インデント 81
- インポート 13, 147, 185, 191
- 売上総利益 70, 98
- 売上高営業利益率 109
- 営業利益 72, 98, 111
- エクスポート 13, 146, 219
- エラー 35

か
- 会計ソフト 10, 62, 140
- 管理会計 233, 246
- 行ラベルボックス 66
- 近似検索 38
- クエリ 195, 214
- クラウドサービス 252
- グラフ 127
- 限界利益 110, 116
- 固定長 145, 157
- 固定費 110, 118
- コンバート 13, 183, 218

さ
- 財務会計 233, 246
- サンプルデータ 8
- サンプルデータの項目 64
- 資金繰り 248
- 条件付き書式 30, 120
- 仕訳データ 160, 183
- スライサー 90, 107
- 絶対参照 169
- 全銀データ 145, 157
- 相対参照 169
- 損益分岐点 110

た
- 単位 85
- データのルール 60

- データレコード 25, 145
- テーブル 60, 232

は
- ピボットテーブルスタイル 87
- ピボットテーブル表示エリア 66
- フィールドセレクション 66
- フィルター 26, 69, 90, 205
- ブックの共有 34
- 変動損益計算書 111
- 変動費 111, 118

ま
- マクロ 221
- 右クリックキー（アプリケーションキー）
  19
- 見込み情報 12, 233, 246

や
- 予算 15, 97
- 予算実績 100

ら
- 利益率 100, 109
- レイアウトセレクション 66
- 列ラベルボックス 66
- レポートのレイアウト 77
- レポートフィルターボックス 66

関数
- COLUMN関数 165
- COUNTA関数 164
- GETPIVOTDATA関数 100
- IFERROR関数 43, 178
- IF関数 43, 163, 180
- INDIRECT関数 165
- Mid関数 206
- MID関数 179
- Right関数 206
- RIGHT関数 179
- ROW関数 164
- SUMIF関数 46
- SUMPRODUCT関数 46
- SUM関数 46
- Val関数 206
- VALUE関数 179
- VLOOKUP関数 38, 177
- 文字操作関数 50

255

● 著者プロフィール

小栗 勇人（おぐり・はやと）

1980年生まれ。上場企業と上場企業子会社の2社で、経理業務を10年経験。Excelを使った経理業務の効率化を日々実践中。運営サイト「経理と事務の効率化。あと簿記」(http://kouritu.net/) では、Excelだけでなく、AccessやWebサービスなどを利用して、経理だけでなく会社全体的な効率化をさせる内容も執筆している。

装丁	大下賢一郎
本文デザイン・DTP	BUCH+

経理の仕事がサクサク進む Excel「超」活用術 2013/2010/2007対応

2015年2月17日　初版第1刷発行
2015年7月20日　初版第2刷発行

著者	小栗 勇人
発行人	佐々木 幹夫
発行所	株式会社 翔泳社 (http://www.shoeisha.co.jp)
印刷・製本	株式会社 廣済堂

©2015 Hayato Oguri

＊本書は著作権法上の保護を受けています。本書の一部または全部について（ソフトウェアおよびプログラムを含む）、株式会社 翔泳社から文書による許諾を得ずに、いかなる方法においても無断で複写、複製することは禁じられています。
＊本書へのお問い合わせについては、2ページに記載の内容をお読みください。
＊落丁・乱丁はお取り替えいたします。03-5362-3705までご連絡ください。

ISBN978-4-7981-3459-8　　　　　　　Printed in Japan